Research on Personal Information
Protection of E-commerce Users

甘肃省教育厅"双一流"科研重点项目(项目编号GSSYLXM-07)研究成果

甘肃政法大学双一流建设学术文库

电子商务用户个人信息
保护制度研究

刘倚源／著

法律出版社
LAW PRESS·CHINA

——北京——

图书在版编目(CIP)数据

电子商务用户个人信息保护制度研究／刘倚源著. -- 北京：法律出版社，2025
（甘肃政法大学双一流建设学术文库）
ISBN 978-7-5197-8785-1

Ⅰ.①电… Ⅱ.①刘… Ⅲ.①电子商务-用户-个人信息-法律保护-研究-中国 Ⅳ.①D923.74

中国国家版本馆 CIP 数据核字（2024）第 026352 号

电子商务用户个人信息保护制度研究
DIANZI SHANGWU YONGHU GEREN XINXI BAOHU ZHIDU YANJIU

刘倚源 著

责任编辑 肖 越
装帧设计 汪奇峰

出版发行 法律出版社	开本 710 毫米×1000 毫米 1/16	
编辑统筹 法商出版分社	印张 11.25 字数 176 千	
责任校对 王语童 裴 黎 张翼羽	版本 2025 年 8 月第 1 版	
责任印制 胡晓雅	印次 2025 年 8 月第 1 次印刷	
经 销 新华书店	印刷 北京建宏印刷有限公司	

地址：北京市丰台区莲花池西里 7 号（100073）
网址：www.lawpress.com.cn　　　　　　　　销售电话：010-83938349
投稿邮箱：info@lawpress.com.cn　　　　　　客服电话：010-83938350
举报盗版邮箱：jbwq@lawpress.com.cn　　　　咨询电话：010-63939796
版权所有·侵权必究

书号：ISBN 978-7-5197-8785-1　　　　　　　定价：52.00 元

凡购买本社图书，如有印装错误，我社负责退换。电话：010-83938349

前　言

　　随着信息科技的进步,人们在享受科技所带来的生活便利之余,也同时承担个人信息在网络上被收集、揭露或拼凑的风险,只有在接受科技发展必然具有某种程度的风险的前提下,才能利用信息技术所带来的优点;然而未解决的问题在于,可容许的风险界限何在? 个人对于网络上的个人信息能有多少掌控,如何应对网络时代的个人信息保护风险,已成为当代不可回避的重要课题。

　　在全球信息化时代,信息正在成为企业的重要资产之一。在电子商务领域,企业持有的用户信息具有核心价值并扮演着重要商业资产角色,虽然这种资产并不像其他资产那样具体并易于处理。网络与信息技术的功能特征使传统法律体系调控能力弱化。电子商务活动的特性易于诱使个人放弃对其信息的支配,对于用户信息的追踪与定位具有跨越国界的特征,个人信息被长久留存,当事人详细轮廓被不同程度地揭露。电子商务平台与企业收集的个人信息既有已公开信息也包含敏感与私密信息,虽然主体可以通过提起诉讼保障权利;但储存于该原始网页的信息已通过其他应用或社交媒体再次散播,个人请求权难以贯彻,传统法律制度与救济手段需要更贴近电子商务发展的需要。

　　近年来,世界主要国家都提出了个人信息保护的长期发展计划,无一例外都将互联网与信息技术的发展作为发展计划的重点内容;同时随着互联网、大数据和区块链等技术不断发展,如今的信息社会早已不同于传统社会,个人信息与数据不仅与人格自由和人格尊严相关,更是相关产业发展的重要基石,甚至在某种意义上已成为一种涉及广泛公共利益的产品,在某种程度上应当由社会决定对个人信息的使用,而不是完全由个人控制。① 对于近年来新兴的互联网产业而言,收集和处理个人信息数据,是企业进行正常活动的前提,也是构建数字经济发展的基础。有学者提出"信息隐私作为一种公共产品,如同干净的空气或国防一样发挥着作用"②。个人信息中所蕴含的不仅是单纯的人格利益,同时也体现出了公共利益的属性,并通过互联网与大数据产业展现出来。③ 当前,我国电子商务产业已形成较为稳定的产业格局与商业模式,并直接带动了物流、电子认证、第三方支付、网络保险、网络信息安全等电商生态圈业态的发展。如何在保护个人信息的前提下,保证电子商务产业对个人信息的处理与使用,使个人信息所蕴含的财产价值得以实现并保证行业的健康发展? 这就要求在进行个人信息保护的探讨时,不能一味地只关注对信息的全面保护和主体对信息的自我决定,而应当将实现信息保护和推进信息的流通使用放于同样重要的位置,并以更加开阔的视野去思考相关的制度构建。

目前,电子商务领域的个人信息保护研究仍处于发展阶段;但随着个人信息领域立法的推进与完善,必然可推动该领域研究的进一步深入,这对我国电子商务用户个人信息保护的完善也是重大的机遇。在此基础上,应当通过构建符合我国国情的个人信息保护模式,制定符合电子商务行业特点的个人信息保护框架与标准,消除电子商务发展障碍并充分保障用户信息安全。本书围绕电子商务用户的个人信息保护特点,分析电子商务环境下用户个人信息保护体系的技术特征,思考电子商务环境下个人信息保护的必要性、可行性以及实现路径;从电子商务平台收集用户信息的持续性和实时性等特点出发,从对个人信息的定位、追踪、预测和使用等方面入手,分析电子商务领域个人信息概况,对电子商务交易过程中个人信息安全面临的系统性风险、成因和影响、评估和应

---

① Corien Prins, *Property and Privacy: European Perspectives and the Commodification of Our Identity*, 16 Information Law Series 223 - 257 (2006).
② Edward J. Janger & Paul M. Schwartz, *The Gramm - Leach - Bliley Act, Information Privacy, and the Limits of Default Rules*, 86 Minnesota Law Review 1219 - 1253 (2002).
③ 高富平:《个人信息保护:从个人控制到社会控制》,载《法学研究》2018 年第 3 期。

对等方面进行阐述;在探讨个人信息保护的理论基础和立法实践的同时,对我国个人信息保护的立法和保护现状进行梳理;通过横向比较欧盟、美国等国家与地区有关个人信息保护的理念、原则、方法及其演变,对电子商务领域的个人信息保护法律实践和基本原则进行总结,对现有法律法规涉及的法学理论、国内主流观点、国际立法惯例等进行深度理论阐释,采用比较研究等方法加深对法律规则的理解的同时,也注重结合法律实践探究其具体适用。

  本书以日新月异的信息技术对个人信息保护制度带来的挑战与机遇为切入点,分析在电子商务环境下现有保护制度的失灵与困境,研判各种保护规则与模式的利弊,进而提出并论证契合网络环境并能实现信息价值的个人信息保护创新与变革路径。本书开展研究中的关键点在于,在发现并诠释电子商务交易中个人信息保护规则面临困境的基础上,论证现有保护制度之利弊。事实上,制度失灵背后的深层次原因在于保护原则的修正与商业模式的分歧;因此,只有重新发现信息保护需求和电子商务产业利益诉求的差异,才能使个人信息保护规则的构建更加符合数字环境中各方主体的利益诉求,进而实现信息主体、信息控制者和处理者的利益平衡,最终真正发挥数据信息的功能与价值。

目 录
CONTENTS

第一章 技术变迁中的电子商务演进与发展　001
- 第一节 电子商务的兴起　001
  - 一、电子商务的发展阶段　001
  - 二、全球电子商务现状　004
  - 三、开放、交互与共享：电子商务的精髓　008
  - 四、大数据产业发展态势与商业模式创新　012
- 第二节 电子商务的基本范畴　015
  - 一、国际立法经验与启示　015
  - 二、电子商务的内涵界定　016
  - 三、电子商务类型　019
  - 四、电子商务交易法律关系主体　021
- 第三节 电子商务发展与个人信息保护　024
  - 一、电子商务用户个人信息保护问题之特殊性　024
  - 二、企业经营策略、目标与个人信息风险　028
  - 三、产业利益与个人信息价值评估　031

第二章 电子商务时代个人信息面临的典型风险　036
- 第一节 个人信息的商业化处理与使用　036
  - 一、商业链条下的个性化营销　036
  - 二、社交网络与在线营销的结合　038
  - 三、商业使用中存在的信息风险　042

第二节　对网上行为的定位与追踪　　044
　一、新型追踪技术的产生与发展　　044
　二、对位置信息的监测与收集　　047
　三、个人网络踪迹信息权益的特殊属性　　049

第三节　云计算服务中的个人信息风险　　051
　一、个人信息云平台的储存与处理　　051
　二、云计算中信息风险起因分析　　053
　三、云计算面临的信息安全挑战　　055

第四节　预测分析与电子商务　　056
　一、基于算法的预测分析　　056
　二、预测分析引发的信息风险　　059

第三章　个人信息保护的理论基础　　062
第一节　人格权理论对个人信息保护的探索　　062
　一、人格权理论与个人信息保护　　062
　二、一般人格权理论与个人信息权创设　　066

第二节　隐私权保护理论对个人信息保护的诠释　　068
　一、隐私权的产生与确立　　068
　二、隐私的内涵界定与理论基础　　071
　三、个人信息的隐私保护解读　　072

第三节　个人信息自决权理论对个人信息保护的推进　　074
　一、个人信息自决权理论的产生与个人信息自决权的确立　　074
　二、自决权理论对个人信息的保护　　076
　三、对个人信息自决权理论的反思　　079

第四节　财产权理论对个人信息保护的扩展　　083
　一、个人信息财产权理论的源起与发展　　083
　二、商业使用下的新型财产权利　　087
　三、个人信息财产权面临的行使困境　　089

第四章　欧盟、美国个人信息保护框架与改革　　091

第一节　欧盟个人数据保护立法传统　　091
  一、立法背景与特点　　091
  二、适应新技术环境的立法改革　　094
  三、对控制理念与同意要求的强化　　097

第二节　美国隐私保护模式与发展趋势　　099
  一、美国隐私保护法案　　099
  二、《消费者隐私权利法案》　　104
  三、行业自律规制模式　　106

第三节　欧美个人信息保护框架与发展　　110
  一、权利基础与保护模式　　110
  二、欧美法案理念与创新发展　　113

第五章　制度评价与利益考量：个人信息保护与信息流通的平衡　　116

第一节　我国个人信息保护现状分析　　116
  一、个人信息保护制度梳理　　116
  二、对现有制度的探讨　　119

第二节　个人信息保护原则的修正与调整　　121
  一、公平信息实践原则　　121
  二、知情同意原则的局限与修正　　123
  三、对收集限制、目的特定原则的完善　　128

第三节　对个人信息的类型化区分与保护　　130
  一、加强对个人敏感信息的保护　　131
  二、促进一般信息的流通与使用　　132
  三、扩展信息处理的合法性基础　　134

第六章　行业自律与法定安排：电子商务环境下个人信息保护制度的建构　　136

第一节　个人信息保护价值目标与体系　　137
  一、个人信息保护与处理中的利益衡量　　137

二、个人信息的价值类型　　138

三、以确权方式构建个人信息保护规则　　141

第二节　个人信息保护规则与义务主体责任　　142

一、被遗忘权利的细化　　142

二、增设义务主体保护个人信息的义务　　146

三、明确义务主体对外承担责任的方式　　148

第三节　个人信息保护模式与企业处理信息合规方案　　150

一、个人信息保护模式选择　　150

二、电子商务行业与企业自律　　152

三、企业处理信息合规性与保护方案　　154

参考文献　　163

第一章 技术变迁中的电子商务演进与发展

第一节 电子商务的兴起

一、电子商务的发展阶段

现代信息技术正在改变人类生存的社会环境,并广泛渗透于人们生产生活的各个方面。在全球信息化转型的浪潮之下,很多国家都在致力于推动社会信息化转型。人类社会经济模式正在受到现代信息技术的强烈冲击,网络技术的应用范围从传统的通信、教育和信息查询等方面向商业领域扩张,经济也面临着新的发展契机,其中最为重要的一个方面就是电子商务的产生与实践。[①] 电子商务是随着信息技术发展而产生、推动传统商务活动发生重大变革的一种全新商务模式,并以其独特的交易模式改变着人类经济发展与生活方式。

(一)初步萌芽阶段

20世纪70年代,欧美发达国家开始步入电子商务初级应用阶段,并普遍采用了基于公用信息网络的电子数据交换(electronic data interchange,EDI)技术开展贸易活动,推动了

---

① 参见齐爱明、徐亮:《电子商务法原理与实务》,武汉大学出版社2009年版,第6页。

全球范围企业的"无纸贸易"。EDI 是企业间通用的一种公认标准,主要通过计算机通信网络交换二者之间的商务活动信息,使用计算机和电信自动转发与处理商业文件。罗斯·佩罗于 1962 年创立了电子数据系统公司(EDS)(其最初的目标是市政停车流水线收费),公司的核心技术就是电子数据交换(EDI)的行业标准(ANSI XI2,X.400),它实现了计算机之间信息的电子传递。1968 年美国成立了研究机构,专门改进企业间电子数据交换方法,并在全球范围内掀起了 EDI 浪潮。EDI 主要通过租用线路或网络来实现数据交换。企业如果利用 EDI 技术从事商务活动就需要投入大量资金和各个贸易伙伴进行大量的网络设计、安装以及硬件管理,因而利用 EDI 进行商务活动往往只能局限在大型企业之间。电子商务发展初期,企业采用相对简单的商业模式;这些模式植根于传统的实体店,其主要资产的积累是基于早期企业家的技术技能,正如亚马逊以及其他类似公司最初的计划是通过削减实体店数量以降低成本。亚马逊网上虚拟书店利用互联网从事商务活动的成功,使企业家认识到使用电子商务可发掘的重大商机,激励着大批的企业积极地推出并实践各自的电子商务方案。

(二)快速发展阶段

20 世纪 90 年代以来,因个人计算机相对较少且 EDI 系统价格昂贵,早期的电子商务仍主要专注于商业机构间(B2B)交易;但随着网络技术与信息技术的飞速发展,现代商业也具备了持久的供货能力、稳定的客户需求以及全球竞争等三方面特征。在这一趋势下,依靠现代互联网技术,以交易双方为主体,借助电子支付与结算手段,且依托用户数据的全新商务模式出现并保持快速发展。1991 年互联网(Internet)首次向社会公众开放时,因其低廉的费用吸引了更多的公众与企业参与。网络与商业活动的融合态势标志着现代意义电子商务的产生,同时也预示电子商务开始进入大规模以及快速发展时期。企业借助互联网开展电子商务活动,费用大大降低;企业无论规模大小,都有能力开展电子商务活动。企业无论是利用 EDI 还是基于互联网技术开展商务活动,主要目的都是降低企业运行成本,加强内部管理,整体提升商务活动的效率和服务质量,借此在商事活动中占据竞争优势。

1996 年 12 月,联合国第 85 次全体会议通过了《贸易法委员会电子商务示范法》(UNCITRAL Model Law on Electronic Commerce,以下简称《电子商务示范法》)。联合国《电子商务示范法》为各国立法者提供了一套国际上可接受的规则,规定如何消除法律障碍,以及如何为电子商务创造更安全的法律环境;其基本原则旨在为电子商务的个人用户起草合同方案,以克服使用电子商务的法律障碍。《电子商务示范法》对电子商务活动中的行为进行了规范,同时也为各国电子商务立法提供了重要范本。

1997 年 4 月,欧盟推出了《欧盟电子商务行动方案》,针对电子商务管理框架、基础信息设施以及电子商务环境等方面进行了规定。同年 7 月,美国政府颁布了支持电子商务发展的《全球电子商务框架》(A Framework For Global Electronic Commerce),提出了进行电子商务活动的基本原则、措施与方法等,对全球电子商务发展产生了重要影响。该框架的颁布也引发了各国关于如何制定信息时代政策的讨论。

1998 年,惠普、IBM 等跨国公司宣布该年度为"电子商务年",众多商务企业与信息技术企业纷纷响应。1999 年国际媒介集团 Ziff—Divas 组织了全球著名的信息技术(information technology,IT)业巨头、民间团体、学者等,对 7 项共 47 款标准进行了历时半年的投票,并于 12 月 14 日公布了全球第一个因特网商务标准(The Standard for Internet Commerce,Version 1.0 – 1999)。这一标准并不是正式的法律文本,但对于国际电子商务的发展与遵循标准的企业开展经营活动都起到了不可忽视的作用。

(三)稳步前进阶段

进入 21 世纪后,针对电子商务发展面临的严峻形势,联合国相关组织也在努力推进全球电子商务的发展与合作。致力于制定贸易便利化建议与电子商业标准的联合国贸易便利化与电子商务中心(UN/CEFACT)与结构信息标准化促进组织(OASIS)进行合作,于 2001 年 5 月 10 日正式批准了 ebXML (Electronic Business Extensible Markup Language)标准;目标是将通用的 XML 语法和结构组成的技术规范作为电子商务的基础架构,为全球市场提供透明、一致和安全的数据交换环境,帮助企业进入电子商务并简化贸易程序。ebXML 并不是针对某个特定行业的标准,而是一个跨行业的电子商务技术规范架构,推动了全球性的电子商务交易市场的建立。2001 年 11 月,联合国贸易和发展委员会(UNCTAD)发布了《2001 年电子商务发展报告》(E-Commerce and Development Report 2001)。报告在细致考察全球电子商务发展进程的基础上,对电子商务对不同国家与地区经济发展的影响进行了分析,同时还对电子商务发展模式和实践方法进行了全面总结。这对于推动电子商务发展起到了重要作用。

2001年12月,联合国第56届第85次全体会议通过了《联合国国际贸易法委员会电子签名示范法》(UNCITRAL Model Law on Electronic Signatures)。这是继《电子商务示范法》后通过的另一部有关电子商务的重要法规,试图通过规范电子签名构建一种安全机制,保障电子商务活动的全面推广。此后贸易法委员会电子商务工作组开始推进有关电子订约的立法工作,于2005年发布了《联合国国际合同使用电子通信公约》(UECIC)。这是第一部有关电子商务的国际公约,其中详细规定了通过电子通信手段签订国际合同时涉及的多方面法律问题;与此同时,各国政府相继出台各种政策鼓励并支持本国电子商务发展。电子商务开始步入稳定发展阶段。

在第一波电子商务业务战略出现之后,利用市场的二次增长开始蓬勃发展。电子商务模式不断进化并产生新的商机,如基于应用数据挖掘技术向客户推荐书籍或酒店,或根据客户的网络浏览历史更有效地定位广告,在线约会服务和医疗建议,计算机安全软件如垃圾邮件过滤器和PayPal等;法律规范同时也在努力适应新的商业环境。随着复杂程度不同的数据挖掘技术的发展,出现了各类专门收集客户数据的企业,他们从多渠道收集电子数据,分析并向其他人出售物品;同时各类信贷机构也在关注身份认证、信用安全以及区分潜在客户的风险和利润类别的能力。电子商务也使企业能够以前所未有的便捷方式访问用户的数据流,并发现电子商务领域自动数据收集方法,诸如用户愿意为产品支付多少金额,人们在制定购买决策时如何权衡信息,快速识别产品缺陷,应用社会网络分析来精细构建人与企业之间关系等,而这些方法能够对商务活动数据展开低成本的测试。[①]

二、全球电子商务现状

(一)欧美地区电子商务现状

全球市场调查研究机构eMarketer发布研究报告称,2024年全球电商销售

---

① See David L. Banks & Yasmin H.,*A Special Issue on Statistical Challenges and Opportunities in Electronic Commerce Research*,12 Statistical Science 234 – 246(2006).

额将超过6万亿美元,2025年将达到7万亿美元。近年来在电子商务行业,随着市场的扩大、新品牌的出现、社交网络的快速发展,电商行业发生诸多重大变化;这为消费者提供了更多的购物选择和便利,同时也为电商行业带来了新的机遇和挑战。北美一些国家电子商务发展较早,美国的电子商务应用推广与交易规模都领先于其他国家。2023年亚马逊官网的净销售额为5747.85亿美元,高于2022年的5139.83亿美元,同比增长超过10%。2023年全年的营业利润为368.52亿美元,是2022年122.48亿美元的3倍多。在所有电商企业中,亚马逊是始终保持优势地位的在线零售龙头企业,其他在线零售平台如Chewy、Etsy和Wayfair三家平台的在线交易额也在以两位数的百分比保持快速增长。

欧洲电子商务在1995年开始起步,其发展速度有目共睹。欧洲近年来更是将电子商务作为推动经济的重要动力;与北美的发展过程不同,欧洲尤其是西欧主要国家电子商务发展以B2B为主要模式。1998年,欧盟根据美国的电子数据交换(EDI)信息处理标准制定了欧洲的EDI标准规范。因此,围绕电子商务活动相关的信息处理上升到基于EDI的信息管理阶段,统一的标准为企业间交换信息提供了可能;尽管在这个阶段的电子商务主要以B2B模式进行,但企业已经可以根据统一的EDI标准开展交易活动。自2002年起,欧洲电子商务进入储存数据的阶段。通过存储的数据化处理,企业可以实现商品的零库存管理,并极大地降低了仓储与物流成本。电子商务在这个阶段全面实现了企业间的数据与信息交换。2005年,欧盟各成员国开始积极推动制定相关的电子商务标准。欧洲范围内的电子商务环境也发生了巨大的变化:消费者对于网络购物的信任度得到了大幅度的提升;在B2B模式快速发展的同时,商业机构与消费者间(B2C)和消费者与消费者间(C2C)电子商务模式也获得了极大的进步。自2008年以来,欧洲电子商务已开始进入对所收集信息的共享与管理阶段,信息的使用模式已转化为对社会数据的全面共享与处理,信息主体获取信息的同时也在提供信息,云计算、云平台等技术得到了广泛使用。

欧洲在2019年互联网普及率达到了85%,并在电子商务领域保持着较好的发展态势,同时也是全球B2C电子商务的三大地区之一。在欧洲范围内,英、法、德三国总体销售额约占欧洲总体销售额的2/3以上。其中,英国是电子商务渗透率最高的国家,用户在线购物比例达到87%;同时德国与法国在欧洲电商市场中也占据着主导地位,是欧洲乃至全球范围内主要的电子商务市场之一,用户在线购物比例分别为83%和76%。近年来,电子商务市场在不断扩大,有超过40%的在线购物者通过移动设备进行购物,欧洲电子商务用户在2019年平均在线花费1715美元。① 欧洲作为一个多元化的电子商务市场,移动电商是推动交易额增长的主要动力,并远远超过了整个电子商务市场。欧洲目前电子商务市场包括移动和跨境在线购物。此外,随着消费者的购买途径跨越数字和实体零售空间,全渠道购物模式也在不断发展,这些趋势都将推动欧洲B2C电子商务销售的进一步增长。

进入21世纪后,通过电子商务方式开展的业务,以其充满活力、快速发展和高度竞争的特点,正在成为创造财富的新途径;成熟的企业在不断创造新的在线业务,而新的企业正在利用互联网提供的机会期望在竞争激烈的市场取得一席之地。全球电子商务的快速发展凸显了这一全新商业格局的转型,在全球经济格局中电子商务正在创造巨大的新财富,并以前所未有的方式改变现有的企业竞争规则。通常在一国范围内,网络零售额如果达到总零售额的10%及以上,则代表着电子商务在市场中所占份额较高,交易方式的影响力也在不断增强。

(二)我国电子商务的发展趋势

2015年我国电子商务交易额首次超过了20万亿元,并成为全球最大的电子商务市场。2023年,我国电子商务市场持续发展,全年网上零售额达到15.42万亿元,较上年增长11%,连续11年成为全球第一大网络零售市场。② 2024年3月22日,中国互联网络信息中心(CNNIC)在北京发布第53次中国互联网络发展状况统计报告,截至2023年12月,我国网民规模达10.92亿人,较2022年12月新增2480万人,互联网普及率达到77.5%。作为数字经济的重要业态,网购消费持续发挥稳增长、促消费作用。③ 近年来,在数字经济主导的新形势下,我国电子商务产业创新能力保持世界领先,网络零售规模持续增

---

① See Naomi Botting, *Global E-Commerce*:+ $2 Trillion in Revenue in 2019, https://blog.lengow.com/global-ecommerce-2019-report/, accessed 15 November 2019.
② 《电商平台高质量发展的三个关键》,载新华网, http://www.xinhuanet.com/tech/20240531/0d6079600f3e427680fbd8a7a0f9b74a/c.html。
③ 《第53次〈中国互联网络发展状况统计报告〉》,载中国互联网络信息中心, https://www.cnnic.cn/n4/2024/0322/c88-10964.html。

长,不断拓展着创新空间。

全球电子商务活动日益活跃,业务模式不断保持创新,最新的信息技术也在快速渗透于电子商务活动中。现阶段我国电子商务呈现出如下发展趋势:

1. 电子商务各项基础条件完善并持续快速发展

现代信息技术与电子商务的发展,使全球生产、贸易与竞争方式都发生了重大变化;电子商务在国际贸易领域的广泛应用,对我国经济发展产生了重大影响。近年来我国经济保持快速增长的同时,经济总量也在持续扩大;这些都为电子商务的发展打下了坚实的经济基础。经济结构调整与增长方式的转变力度也在加大,在这种背景下作为经济发展助推器的电子商务的发展需求更加强劲。全球范围内针对市场、资源、技术、人才的竞争也越发激烈,这也激发了经营者推动产业发展的主动性与积极性,电子商务发展的内在动力不断增强。

2. 电子商务与各行业深度融合并形成竞争新态势

近年来,电子商务不断渗透到生产、流通、社交平台等多个领域,更是在持续改变着传统生产组织形态与经营管理模式;随着业务范围在全球不断拓展,其也在影响着其他国家的产业结构与资源配置,并推进着经济全球化进程。欧美国家与新兴工业化国家都将电子商务视为强化经济发展与保持贸易竞争优势的重要举措,并根据本国市场环境制订电子商务行动计划与发展策略,力求在电子商务领域把握主动权。随着我国信息技术的发展与市场进程的加快,推进电子商务发展早已成为实现全球经济合作共赢的必然选择;通过整合多方资源,打造企业线上线下资源联动以及境内、跨境协同发展的电商生态圈。

3. 电子商务服务行业的飞速发展

网络技术为电子商务交易打造了可以聚合卖家与买家资源的第三方平台,打破了传统交易的时空限制,极大地提高了交易效率。经过数十年的高速发展,我国电商产业经历了经营模式创新、市场需求探索以及激烈的竞争后,已基本形成较为稳定的产业格局与商业模式。电子商务的发展直接带动了物流、电子认证、第三方支付、网络保险、网络信息安全等电商生态圈业态的发展,同时辅助性电子商务服务又会派生出新的服务行业。持续的技术创新不断加速着专业化分工,并为电商服务业提供了更为广阔的发展空间,如基于网络的交易服务、信息化技术外包等服务模式不断创新,市场规模持续扩大,网络消费文化逐渐形成，面向消费者的网络消费服务日益丰富；电子商务服务业目前正在成为新的经济增长点，推进社会经济活动的集约化与高效益。电子商务服务产业作为交易顺利完成的基础与支撑，通过感知消费者、平台方、品牌商的细化需求，提供完整的配套服务，同时渗透到各垂直行业，与资本、生产、流通、消费等领域进行融合，加速电子商务产业资源配置并有效提升交易效率。

4. 社交应用全面普及下的互动营销模式

随着信息技术的进步与社交应用的普遍使用，更多的企业选择加入互动营销应用模式，以提高企业的经济效益与综合竞争力。传统媒体侧重以单向的传播方式运作，而新媒体则更注重用户的体验以及用户的全方位信息获取；众多新媒体借助于数字技术支持，通过互动传播的方式不断革新媒介观念，并不断推出更适合数字技术传播的元素。新媒体技术革新人们的消费理念与习惯，电商平台与企业更加注重用户需求以及内容的创新，通过交互性较强的软件与应用推进深度营销，利用社交应用与用户开展深度沟通，利用收集到的用户信息制定精准营销策略并推出相应产品与服务，从关注用户的显性需求向隐性需求转换，并形成互动的、人性化的营销模式。近年来，随着网购渗透率不断增长，移动购物也成为企业争夺的主战场。移动应用的广泛使用促进了基于社交互动的营销活动的增加，并带动了各类基于信息分享、传播的电子商务的兴起。互动媒体的发展与繁荣，使网络购物服务更加多样与丰富，服务方式与内容也更加考虑用户需求，通过调整服务功能，增加品牌互动与导购、用户关系管理与维护等功能，有助于实现企业与用户间的多样互动，挖掘潜在市场需求。

三、开放、交互与共享：电子商务的精髓

(一) 网络与数字场景下的商业活动

随着全球化进程的推进与技术的进步，商业世界在过去 10 年中见证了极为迅速的变化，互联网发展改变了整个经济发展环境，先进信息技术对传统商务活动进行持续渗透并对其产生重要影响，电子商务也已实现了线上购物、咨询服务以及商业贸易等全过程的网络化与信息化。电子商务与传统商业活动的重要区别就是，电子商务主要通过网络信息数据的传输完成交易活动，电子商务模式的发展在很大程度上取决于信息技术的进步，电子商务作为一种新经

济运行方式从根本上改变了企业的行为,包括从产品制造、销售、交易到合同订立、结算、售后等在内的全部商事活动都发生了巨大的变化。① 电子商务活动主要通过使用相关技术、流程和管理方式,借助于数据信息的分析和使用,以提高企业的竞争力,电子媒介购买、销售产品及服务等过程都属于电子商务范畴。

电子商务是在"数字信息环境"中发生的活动。该种描述强调了在网络环境下所开展商事活动的信息密集型特征;尽管电子商务交易方式多种多样,但对其主要定义都集中在使用网络进行的有关信息、货币、数字商品以及非数字商品交换的企业与消费者或企业之间进行的交易。电子商务涉及实物商品和服务的电子交易、供应链中的数据协调以及交易涉及的订购、支付和交付商品等活动,还包括营销和广告、售后支持以及经营业务所需的其他活动;电子商务还涉及企业之间所发生的互动关系,如合作、竞争、供应链管理和物流关系。它可以缩短产品上市时间,降低销售成本,鼓励企业和消费者建立新的交易关系,鼓励信息供应链的发展并提高营销和广告的投资回报率。

电子商务带来了更低的交易成本和更高的交易效率。其提供的价值也越发明显:通过提供最新和全面的信息来减少交易主体间的信息不对称;通过互联网提升信息的传播速度并加强交易的便利性,减少用户的搜索成本和机会主义行为;借助虚拟市场的互联作出更加高效和明智的决策,进一步提升企业竞争力和经营效率。电子商务中的交易主体可以在虚拟场景中完成所有的交易环节。虚拟市场是指基于固定和无线互联网基础设施,通过开放网络进行商业交易的市场结构设置,其特点是高度连通性、高覆盖率和信息的丰富性。其中覆盖率是指在虚拟市场中可快速且低成本地获得的信息和产品的数量;丰富性是指市场参与者之间可以提供、积累和交换的信息的深度和细致程度。作为一个具有开放标准的网络,虚拟社区的出现改变了企业间传统边界的商业安排,商事活动业务流程可以在不同行业的公司之间实现共享。随着相关产品与服务信息可以供客户了解与使用,以及产品信息通过互联网进行传输,部分传统行业背后的商业逻辑也在发生变化;虚拟市场能够有效降低信息处理成本,使公司运营方式发生深刻变化。尽管不同于实体交易环境,电子商务活动在虚拟环境中进行,但其交易过程中的各环节仍然对应于实体交易环境中的各部分交

---

① 参见徐海明:《中国电子商务法律问题研究》,北京理工大学出版社2017年版,第1页。

易活动。

(二)信息化与低成本的交易模式

在电子商务活动正常进行所依赖的各项技术中,首先须通过网络基础设施实现信息的传输和交换,而信息技术是电子商务运行和发展的重要前提。电子商务在网络空间环境下,利用网络信息技术在线开展洽谈、交易、支付和售后服务,交易双方无须面对面交流,通过信息的传输即可完成整个交易流程;这种特殊的商业模式为商家与消费者提供了信息交流平台,增加交易额和提升效率的同时还能适当减少交易中的部分环节。在电子商务交易活动中,大量的数据信息取代了记载当事人意思与交易内容的纸质文件,各项查阅、问询、支付和售后记录完整地保存了交易流程的全部细节,方便交易主体在网站或应用软件中读取;无纸化交易也大幅度降低了文件处理费用。

传统网络交易始于买方和供应商通过广告、贸易展览以及代理商和买方间的互相搜索活动,随后买方会与潜在卖家就产品规格和价格进行谈判,或者签订现货交易或形成长期合同;达成协议后,交易仍然会涉及订购、计费、运输安排、付款确认和交付验收等环节。电子商务的创新旨在降低交易各个环节的采购成本。在每个交易阶段,电子商务都避免了将电脑文件转换为纸质文档;电子商务可以通过网站和电子数据交换来调节交易,从而使这一过程自动化。在交易之前,互联网技术可以降低搜索供应商或买家的成本,并进行价格和产品比较;特别是针对小额交易,搜索成本相对于产品价值而言可能更重要。在传统的交易模式下,销售人员执行诸如跟踪产品可用性、定价以及向客户提供此类信息等任务;通过自动化服务,电子商务可以减轻销售人员的这些任务,使他们能够专注于账户管理和营销策略。在交易过程中,电子商务可以降低沟通成本并减少有关交易细节,通过信息化技术进行的交易减少了包括旅行费用、通信时间、会议的物理空间等方面的纸质文件。交易完成后,电子商务帮助公司降低通信成本,监控合同履行或确认交付。此外,公司可以将交易内容与用于销售、采购和运营功能的软件相关联,生成并更新交易库存、生产和会计记录等,因而在线交易可以大幅降低成本。[1] 据测算,B2B 的电子商务在电子工业

---

[1] See David Reiley & Daniel F. Spulber, *Business-to-Business Electronic Commerce*, 15 The Journal of Economic Perspectives 55(2001).

领域可以节省成本29%~39%，在对外贸易领域可以节省成本15%~20%，在媒体和广告领域可以节省成本10%~15%。在化工、冶金和食品等传统领域，电子商务也能够不同程度地节约成本。①

(三)高效率与全球化的经营方式

网络社会的重要特点是产品信息、供求信息、交易信息均可借助网络连带机制在瞬间传遍全世界。② 电子商务所借助的是覆盖全球的世界性网络系统，并实现了跨越地域与空间的信息传输。电子商务的运行主要借助于网络对信息的处理和传播。这不仅实现了交易的持续性和市场全息时间运作，还极大地降低了信息的处理和传输成本，减少了交易活动所需成本，使信息流转与交易方式更加便捷高效；从这个角度来说，电子商务真正在技术方面实现了交易的低成本与高效益。电子商务不受传统商事活动所面临的空间和时间限制，在世界范围内的信息与资本流通能够顺利实现，能以最小的成本充分开拓国内和国际市场，以快捷的方式吸引更多的消费者并寻找到最合适的贸易伙伴，真正实现贸易的全球化。③ 随着信息技术的不断发展，电子商务在不断被赋予新的含义，并开拓出更为广阔的应用空间。

电子商务作为特殊的商事交易形态在经济生活中承担了两个重要角色：其一，成为一种更为高效的信息流动渠道和汇总者；其二，作为一种潜在的机制，用于替换曾经在企业内部运行的经营模式。互联网在全球商业中形成了一场潜在的革命；尤其是在企业与消费者的交易中实现了贸易的个性化，使消费者可以直接与境外企业开展交易。互联网提供场所使卖家以网页的形式将他们的网站放置于全球消费者面前，信息技术充分扩展了买方市场，互联网和电子商务技术通过重新定义后端运营，对产品和开发、采购、生产、库存、分销、售后服务、营销方式等进行设计，改变了企业的运营方式。在这个过程中，新的交易模式改变着各方的角色和关系，促进了新的供应网络、服务和商业模式的产生，交易效率与资产利用率不断提高，企业缩短了上市时间，订单履行速度、质量以

---

① 参见薛虹：《知识产权与电子商务》，法律出版社2003年版，第4页。
② 参见[美]曼纽尔·卡斯特：《网络社会的崛起》，夏铸九等译，社会科学文献出版社2006年版，第100页。
③ 参见徐海明：《中国电子商务法律问题研究》，北京理工大学出版社2017年版，第1页。

及用户服务水平都得到了增强,①同时交易成本也在不断降低。

信息技术带来的效率提升为电子商务发展铺平了道路,将不同企业的资源和能力进行融合,推出更符合客户需求的新产品与服务;通过分析客户数据和实时信息反馈,企业可以更好地为客户量身定制产品与服务。② 电子商务是在网络环境中开展的商事活动,网络信息技术是其重要手段和媒介,其本质仍然是商事交易行为。营利性不仅是商事行为的本质特征,也是电子商务的最基本属性。在大数据、云计算等信息技术推动电子商务应用飞速发展的背景下,交易更为高效与迅捷,这也为商事主体追逐利润、实现其营利目标创造了更为便利的条件。

四、大数据产业发展态势与商业模式创新

(一)大数据产业发展态势

大数据作为科学技术的重大飞跃是继互联网和云计算之后的又一次技术变革,数据分析技术的发展与应用必将对国家治理模式、社会的组织结构、商业的发展方向、企业的经营模式以及个人的生活方式等方面产生重大而深远的影响。大数据相关技术对数据应用行业的发展与创新具有重要意义。数据作为数字经济时代的重要资产,数据量呈指数级增长,数据从结构化转变为非结构化形态,数据之间从各自独立到密切关联;这些都表明大数据绝不仅仅是数据量的简单组合,而是基于特定技术、算法以及商业模式的改变与发展,对跨域关联、多源异构的海量数据分析与挖掘后产生的科学标准、商业模式、决策流程和价值观念上的重要变化之总和。面对不断增长的大规模数据,如何利用全新技术方案挖掘数据价值并分析其中隐藏的潜在效益,构建以数据资产为中心的核心竞争力,是现阶段企业所亟须面对并解决的重要问题;大数据分析与算法研究的深入,不断催生出全新商机并为传统行业发展指明新的方向。

从近年来全球范围大数据的规模以及各行业与领域的发展现状来看,大数据已从概念层面的研究进入实际应用的阶段,各国都在纷纷加大对该领域的扶

---

① See Eugene E. Hutchinson, *Keeping Your Personal Information Personal: Trouble for the Modern Consumer*, 43 Hofstra Law Review 1151(2015).

② See David L. Banks & Yasmin H., *A Special Issue on Statistical Challenges and Opportunities in Electronic Commerce Research*, 21 Statistical Science 234–246(2006).

持力度。在数据经济发展新常态下,信息化与工业化开始进入转型升级的快速前进阶段,无论是学术研究领域还是产业发展都需要高度重视对大数据的研究与使用。"十三五"规划纲要明确提出,要发展现代互联网产业体系,实施"互联网+"行动计划,带动生产模式与组织方式变革,把大数据作为基础战略资源,推动数据资源共享与应用,助力产业转型升级与社会治理创新。2015年国务院发布的《促进大数据发展行动纲要》明确提出:"推动大数据与云计算、物联网、移动互联网等新一代信息技术融合发展,探索大数据与传统产业协同发展的新业态、新模式,促进传统产业转型升级和新兴产业发展,培育新的经济增长点。""抓住互联网跨界融合机遇,促进大数据、物联网、云计算……个性化定制等在制造业全产业链集成运用,推动制造模式变革和工业转型升级。""推动大数据与移动互联网、物联网、云计算的深度融合,深化大数据在各行业的创新应用,积极探索创新协作共赢的应用模式和商业模式。"从近年我国大数据发展态势来看,大数据产业从无到有,行业应用得到快速发展与推广,数据市场规模有明显增速。在大数据领域融资的企业数量保持逐年增加态势,大数据产业保持强劲发展势头,产业间的聚集将推动行业的进一步发展,各行业的发展基调仍然由创新力驱动和引导,大数据融合应用速度不断加快,为推进数字经济持续发展、带动传统产业转型升级提供全新动力。

(二)企业价值层面的商业模式创新

1. 企业价值的扩充

数据的融合是大数据技术的核心价值所在,商品的快速流通以及交易过程的便捷不断推动着大规模制造业的发展,大数据时代下海量数据的流通与分享将伴随行业发展的全过程。企业价值是指企业通过提供产品或服务为消费者带来的综合价值;大数据技术可以渗透到消费的每一个环节,它为企业提供了更加核心的价值主张。大数据时代商业领域内如业务数据、消费者数据等各类数据的透明度在不断增强,信息的获取也更加便捷。电子商务企业通过使用最新的信息技术对大量数据进行科学和深入分析,了解用户的真实消费习惯、偏好与需求,并设计出满足不同用户需求的产品或服务,充分实现其价值主张。企业在产品开发与正式流向市场之前,可基于数据的个性化、来源渠道以及便捷处理等特征对各类产品进行数据层面的可控实验,可以预测并判定产品是否可以满足客户需求,再根据客户不同需求进行细分。另外,大数据具有的规模性与实时性特征可以提升企业获取用户数据的效率,可以及时为客户提供精准的产品与个性化服务,可以大大提升企业运行效率并满足客户的需求。

2. 业务创新与成本控制

在数据经济时代,电子商务企业围绕业务活动展开的数据收集、分析、处理等内容早已成为企业的关键核心业务。综合大数据技术的影响范围侧重于以下几个方面的业务创新:第一,以大数据技术为基础,以数据信息流模式优化企业传统业务流程,提高关键业务处理速度。第二,以大数据活动方式调整商业运作方式并改变企业传统经营模式,如电子商务平台提供更为便捷的交易模式,可有效提升交易效率。第三,大数据为企业新的价值目标寻找新的发展方向,可以将大数据技术嵌入企业创造价值的全部流程,通过数据信息的融合与挖掘发现新的价值增长点,为传统产业需要面对的复杂系统提供新的解决思路。第四,通过大数据技术分析解决新问题并提升业务流程的效率。在企业内部的关键业务环节,可以通过综合历史财务指标数据并结合企业经营目标对生产、管理方面的成本进行控制,可通过大数据分析技术研究产品销售模式,合理定价并节约销售成本。

3. 盈利模式的创新

在大数据应用和技术领域不断发展的背景下,采用数据分析技术的企业盈利模式呈现出了更加多元化的特点;相比其他未进行大数据技术运用的企业,生产效率和盈利目标普遍高出 5~6 个百分点。作为现代商业模式下的重要主体,电子商务企业通过利用大数据技术提升盈利的创新可基于以下方式展开:为保持在商事活动中的竞争力和影响力,企业可以结合其发展战略、用户群体、经营特点等方面的信息,通过建立综合信息数据库对用户的浏览轨迹、消费偏好以及消费过程等进行综合比对分析,挖掘出数据隐藏的重要信息与潜在价值,成为综合数据库的重要组成部分。数据经过深度挖掘并得出预测指标后进行多渠道的整合营销,在产品正式投入市场前可以充分了解用户消费特征,融合线上与线下消费体验,实现企业盈利模式的创新。

第二节 电子商务的基本范畴

一、国际立法经验与启示

联合国《电子商务示范法》在第一部分"电子商务总则"中将适用范围界定为"商业活动中使用的",其中就包括所有商业性质关系所引起的各种事项,并认为商事活动包括但不限于如下交易:供应或交换商品或服务的任何交易行为、商务代表或代理、分销协议、开发协议与特许租赁、银行业务、保险、投资、融资、咨询、工程设计、许可贸易、工商业合作以及客货运输等。商务活动的本质是"独立实体间以及组织内指令的市场相关交易的协调的全部过程"。①

《联合国国际合同使用电子通信公约》第 4 条是这样定义电子通信和数据电文等概念的:通信是指在一项合同的订立或履行过程中,当事人选择作出或者被要求作出的包含要约与承诺在内的任何要求、声明、陈述、请求或通知;电子通信是指以数据电文的形式发出的任何通信;数据电文则包括以电子、电磁、光学等手段生成、传输、接收的各种信息,这些手段以电子邮件、数据交换、电报、传真等为主但又不限于这些方式。

欧盟自 1997 年到 2007 年颁布了一系列电子商务相关的法律文件,其中《电子商务指令》(E-Commerce Directives)主要针对开放电子商务市场、促进电子交易、服务提供者责任等问题进行了全面规范。其中第 2 条对"商业通信"是这样界定的:被设计用来直接或间接地推销从事商业、工业、手工业活动或者进行指定的职业行为的公司、组织或个人的商品、服务或形象的任何形式的通信。以下信息内容不符合商业通信构成条件:因直接接触企业、组织以及个人的活动而产生的以域名或邮件地址为代表的信息;在不涉及经济因素前提下与企业、组织或个人的商品、服务有关的通信。

从以上规范来看,联合国《电子商务示范法》所划定的电子商务范围最为广泛,其内容不仅包含商品与货物的销售,同时也将提供服务涵盖在内;《联合国国际合同使用电子通信公约》则选择从"合同"以及缔结合同所使用的"通信

---

① [美]理查德·波斯纳:《法律的经济分析》,蒋兆康译,法律出版社 2012 年版,第 583 页。

手段"去界定电子商务;欧盟的《电子商务指令》的特点在于将单纯的信息服务排除在电子商务范围之外,并围绕市场、交易行为以及服务提供者责任等方面进行了概括。

二、电子商务的内涵界定

世界信息技术和服务联盟(WITSA)认为,电子商务是以数据化方式提供货物、信息或服务的任何商业交易,以及帮助上述交易得以实现的数据化中介等职能。1997年经济合作与发展组织(OECD)在《电子商务的经济与社会影响》一文中将电子商务定义为:企业与消费者间、企业与企业间的商业交易,是包含文本、声音、图像在内的数据加工、传递过程,以及一切与商业行为有关的交易模式。1998年世界贸易组织(WTO)在其《电子商务工作计划》中将电子商务定义为:通过网络开展的生产、销售、交付商品以及提供服务的活动,其基本范畴不仅指基于网络平台的交易,还包括其他借助电子信息技术增加产品与服务价值、降低经营成本以及创造更多商业机会的商事活动。1997年11月,国际商会(International Chamber of Commerce,ICC)在巴黎举行了世界电子商务会议(The World Business Agenda for Electronic Commerce),全球信息技术、商业、法律等各领域专家经过探讨一致认为,电子商务是指以电子方式进行的贸易活动,交易各方不是通过直接面对面方式而是以电子交易方式进行的商业交易,是集合了交换数据(电子邮件)、获得数据(共享数据库)以及捕获数据(条形码)而开展的商务活动。IBM公司则认为,电子商务是基于网络进行的交易方保持关联与互动的一种动态商事活动,从广义角度界定,包含电子交易在内,利用Web所进行的如市场分析、生产计划、资源调配、财务核算、客户联系等商事活动。

最早界定电子商务概念时,法学领域专家主要采纳了企业界对电子商务的定义。美国电子商务法律专家本杰明在其专著《电子商务法》中采用了Internet电子商务与EDI电子商务的划分方法,认为电子商务的产生可以追溯到电报发明之时,[①]并从最广义的角度理解电子商务这一概念。美国学者哈里斯与米

---

① Benjamin Wright & Jane Winn, *The Law of Electronic Commerce*, 2 Aspen Law & Business 253 (1998).

德尔赫斯特提出,电子商务是指通过使用计算机技术与使用通信的方式,对交易文件与商业信息进行处理与交换的自动化商业交易。① 澳大利亚学者奥尔德林则认为,电子商务包含较为广泛的内容,以电子方式进行的任何商业活动都可以涵盖其中,如传真、电子邮件、电子资料交换以及电子资金转账等行为。②

我国商务部于 2009 年 4 月发布的《电子商务模式规范》将电子商务界定为:"基于互联网技术和网络通信手段进行货物或服务交易,并提供相关服务的商业形态。"在同一日期发布的《网络购物服务规范》将网络购物概念界定为:发生在互联网企业之间、企业和消费者之间、个人之间、政府和企业之间,通过网络通信手段所缔结的商品与服务交易。商务部于 2011 年 4 月发布《第三方电子商务交易平台服务规范》(2016 年修正),在第 3.1 条③对电子商务定义进行了确认与说明。2018 年 8 月 31 日,第十三届全国人大常委会审议通过了《电子商务法》,并将电子商务界定为"通过互联网等信息网络销售商品或者提供服务的经营活动"。目前,国内相关法律法规对于电子商务概念的确认主要围绕着"网络""销售商品以及提供服务""经营活动"三个核心要素来界定。

电子商务的内涵与外延的确定应当充分考虑现有理论与实践,同时与我国的现实国情和国际发展阶段接轨,并与其他法律法规相衔接。具体而言,主要从电子商务的依托技术基础、电子商务交易行为以及经营行为的法律属性三个维度界定。

第一,互联网相关信息网络技术。电子商务活动依托的信息网络技术主要包括互联网、电信网、移动互联网以及物联网等。将电子商务运行的技术基础界定于信息网络而不限于互联网,也是基于网络与信息技术快速发展的现实,并充分考虑到相关技术与应用在经济生活多个领域的全面适用,以技术中立原则为标准,将在移动社交圈与移动客户端进行的经营活动纳入调整范围,确保

---

① Monica Ortale, *International Legal Research on the Internet*, 5 International Trade Law Journal 33 – 40(1996).
② De Zilva Aldrin, *Electronic Transactions Legislation: An Australian Perspective*, 37 International Lawyer(ABA) 1009 – 1022(2003).
③ 《第三方电子商务交易平台服务规范》(2016 年修正)第 3.1 条规定:"本规范所指的电子商务,系指交易当事人或参与人利用现代信息技术和计算机网络(包括互联网、移动网络和其他信息网络)所进行的各类商业活动,包括货物交易、服务交易和知识产权交易。"

电子商务规范框架的开放性。

第二，商品交易与服务提供。商家在线提供产品详细信息，用户可以借助新闻社区、在线论坛以及非实时邮件等方式了解市场动向和商品信息，在线咨询可以超越面对面交流的限制，并提供多种方便的异地交谈模式。[①] 用户可以通过洽谈方式了解商品性能与价格，填写订单并进行提交，系统会反馈交易信息并确认。在电子商务领域，可以进行交易的商品既包括有形产品也包括无形产品，如电子书、数字音乐、数字视频和软件的复制件等数字产品。无论是技术许可还是技术转让，都属于劳动产品并在商品交易范畴内，因而电子商务法的调整范围也将技术交易涵盖其中。电子商务活动所提供的服务则是指向用户提供的在线服务，以及在销售和提供服务过程中相关配套服务，如物流快递、电子支付、信用评级等。用户在确认商品信息并订购后，多种在线支付手段可最大限度地降低交易成本，实现高效、便捷支付并促成交易流程的简化。在完成商品的洽谈、订购和支付环节后，实体货物需要通过物流快递进行配送；与实体货物相比，软件、信息服务、电子读物等信息产品则不需要采用线上交易和线下运输的方式，商家直接将货物传输到用户端，完成真正意义上的虚拟交易。

第三，持续稳定的经营活动。电子商务属于商事活动范畴；而商事领域的经营活动是指经营者以营利为目标开展的持续性业务活动，也就是商事行为。经营行为既是电子商务的主要特征，也是构成电子商务的核心要素。自然人通过网络平台偶尔出售其闲置物品等行为的，并不具备商事活动的经营属性，因而不属于电子商务范畴；但当自然人出于营利目的并且以持续的经营行为销售商品或提供服务时，就应当被纳入电子商务法的调整范围。作为以营利为目的的商事行为，是以在线交易为具体方式，为实现营利性目标而构建的经营形态。商事活动目标得以完成的基础是契约订立与生效，契约是商事活动的核心。从这个角度分析，为达到产品或服务交易的目的而开展的相关活动即视为商务活动，但这种交易活动必然建立在交易主体的完整意思表示、顺畅交流以及达成合意的基础之上。在法学的视野中，商务活动可归结为交易各方当事人通过达成合意完成商品或服务交付的过程。对商务活动的本质性理解需要考虑三个核心要素：商事交易中的法律关系主体的确定，联系交易主体和商事活动具体

[①] 参见［美］理查德·波斯纳：《法律的经济分析》，蒋兆康译，法律出版社2012年版，第583页。

内容的主观意图,以及交易主体基于意思自治所缔结的具体交易活动。

三、电子商务类型

(一)以主体为标准的划分

根据交易主体的不同,电子商务可以分为 B2B、B2C、C2C、消费者与商业机构间(C2B)四种典型电子商务类型,其中前两种是较为常见的经营模式。

1. 商业机构间电子商务

商业机构间电子商务,是商业机构之间开展的电子商务活动,是通过网络平台交换产品、服务和数据信息等而建立的商事关系。虽然商业机构与用户间进行的电子商务交易数量巨大,但从交易额分析,商业机构间的电子商务通常占据电子商务总额的80%左右。B2B 模式涵盖了广泛的企业间交易,包括批发贸易以及购买服务、资源、技术和制造零部件设备等活动,还包括企业间的某些类型的金融交易,如保险、商业信贷、债券、证券和其他金融资产。B2B 电子商务在经济中的规模和潜在推动力都是巨大的,可以说是电子商务中相对完善与成熟的一种商业模式。其利润基于相对低廉的信息成本而带来的企业内部资讯流费用的下降以及供应链和价值链的整合,多存在于企业间的大宗交易中。企业间通过建立商业伙伴关系形成互补的发展机会,运行方式有降低库存成本、减少采购成本、扩大市场机会、节约周转时间等优势,其盈利模式包括广告费用、商务合作推广、会员收费、增值服务费、竞价排名费用、线下服务费等。商业机构间电子商务对生产率的提升可以分为交易自动化的效率提升、新市场中介的经济优势、通过有组织的交易整合需求和供应以及减少交易成本的损耗。

2. 商业机构与消费者间电子商务

商业机构与消费者间电子商务,指企业通过网络平台为消费者提供购物场所和渠道,消费者在线购物并支付款项的经营方式;在线网络购物、金融产品、股票交易、中介服务、资料查询等都属于商业机构与消费者间电子商务,其盈利模式以收取会员费、服务费、销售费、推广费等为主。在 B2C 模式中,所有在商业组织和消费者之间进行的交易都是通过企业的网站完成的:消费者通过访问网站,选择商品或服务,并进行订购;商业机构收到订单后,再将货物发送给客户。B2C 电子商务需要大量的营销与广告来吸引客户,同时需要硬件和软件方面的较大投资以支持良好的客户服务。在我国 B2C 是最早产生的电子商务类型,此种经营模式在节省企业与消费者空间与时间的同时极大地提高了交易效率,经过初期商业实践后得到了快速发展。B2C 电子商务的第一大优势是其在全球范围内的影响力,规模不同的企业可以通过网络向世界另一端的客户出售产品。传统的交易模式所采用的营销方法往往很难跟踪用户的相关信息,但是通过电子商务在线营销可以轻松完成并实现跟踪信息的商业转化。活跃的 B2C 电子商务活动始于广泛的市场研究。为了选择正确的广告元素,企业需要确认他们的客户并了解其喜好和所需要的产品以及确认并定位客户,以此开展有针对性的促销活动。由于电子商务行业的快速发展和社交媒体渠道影响力日益增强,B2C 营销策略也在不断发展。

3. 消费者间电子商务

消费者间电子商务又称网络拍卖或者网络竞买,这种交易方式为交易双方提供了在线平台:卖方提供商品或服务,而买方可以自主选择商品购买。其运作流程主要为:卖方将货物登记在服务器上,买方通过网页浏览商品资料,在判断卖家信用度后选择购买的商品,通过管理平台完成资料登记、购买与支付,通过物流将商品运送给买方,交易双方可以采用一对一议价方式进行,双方同意后即可完成交易。如从事网络拍卖的 eBay 就是采用了这种交易方式,任何主体都可以在这个平台竞拍并买卖商品。

4. 消费者与商业机构间电子商务

消费者与商业机构间电子商务的经营方式是客户首先发布自己需要的产品以及能够接受的价格,交易的成功与否取决于商家是否接受客户提出的要约。此种模式是将商品的主导权转交给了消费者;核心是通过聚集数量庞大的分散用户形成具有较强购买力的采购集团,改变消费者一对一接受企业出价的弱势地位,并获得以与批发商同样的价格购买产品的利益。C2B 模式的运行规则主要包括需求目标的发起、群体的自觉汇集、内部审议、制订需求计划、商家或者企业群体选择、集体议价谈判、联合购买,对购买商品进行分配以及对交易结果的评价等。[①]

[①] 参见徐海明:《中国电子商务法律问题研究》,北京理工大学出版社 2017 年版,第 3 页。

（二）以国界范围为标准的划分

以电子商务活动发生于国内还是国际范围为标准可以划分为国内电子商务与涉外电子商务。国内电子商务主要包括在一国范围内所进行的电子商务活动。需要指出的是这种划分方式不是以网络界限为划分标准；互联网本身并无疆界，具有全球性与开放性特质。判断电子商务活动属于国内电子商务还是涉外电子商务，应当以民事法律关系为判断标准：以电子商务主体，民事关系的标的物，引起民事权利义务关系产生、变更或消灭的法律事实等为标准，这三项基本要素都未涉外的应当归于国内电子商务范畴。涉外电子商务是电子商务主体、标的物以及法律事实中有一项或多项涉外的电子商务。①

（三）以信息化程度为标准的划分

以交易过程能否完全借助网络信息手段完成为标准，可以划分为完全电子商务与不完全电子商务。完全电子商务是指电子商务合同的缔结与履行以及其他相关交易活动都可以通过网络与信息技术手段完成。这类电子商务不仅通过网络与信息技术就可以实现全部交易过程，同时使用在线电子支付手段，而且商品与服务内容通过在线方式就可以提供。目前大量存在的无形商品与服务，如电子图书、图像、报刊等全球范围的信息服务，音乐、电影、游戏等娱乐项目以及计算机软件和移动应用程序的订购、付款、交付等，可以完全通过信息网络完成交易活动。不完全电子商务是指电子商务合同的缔结与履行以及其他相关交易活动中至少有一项无法通过信息化方式完成的电子商务。这类电子商务在交易中采用传统方式缔结并履行合同，交易环节中至少有一项不能或不是通过网络信息手段进行，如交易量巨大的网络实体购物中的商品交付这一部分就无法以在线方式完成。

四、电子商务交易法律关系主体

（一）电子商务经营者

电子商务兴起与发展最核心的因素就是第三方商务平台的兴起。多数电

---

① 《最高人民法院关于适用〈中华人民共和国涉外民事关系法律适用法〉若干问题的解释（一）》第1条规定："民事关系具有下列情形之一的，人民法院可以认定为涉外民事关系：（一）当事人一方或双方是外国公民、外国法人或者其他组织、无国籍人；（二）当事人一方或双方的经常居所地在中华人民共和国领域外；（三）标的物在中华人民共和国领域外；（四）产生、变更或者消灭民事关系的法律事实发生在中华人民共和国领域外；（五）可以认定为涉外民事关系的其他情形。"

子商务经营者没有必要建立自己的网站销售产品或提供服务,而会选择入驻平台的方式开展经营活动。电子商务平台则需要相应的技术支持以及网站的运营,在电子商务交易过程中发挥着重要的作用;因而也不宜由自然人个体进行,主体必须是法人或非法人组织。① 对于电子商务经营者有广义与狭义两种界定方式。广义的理解涵盖了所有与电子商务活动有关的经营者,这种方式对于一般的电子商务经营者与平台经营者没有给予明确区分。我国《电子商务法》第9条规定,电子商务交易法律关系的主体是电子商务经营者。其中该条第1款②对于通常意义上的电子商务经营者进行了界定,认为具备如下几个基本要素:第一,针对电子商务需要借助的媒介手段,是需要"通过互联网等信息网络"完成的交易活动。电子商务活动的核心特点就是借助网络化和电子化的媒介进行信息流通与互动,交易双方不处于同一场景,通过网络账号进行交流,信息获取方主要借助文字、图片以及视频等描述内容,作出购买商品和接受服务的决定,同时在交易过程中也会产生大量的搜索轨迹与数据痕迹。第二,电子商务的内涵是"从事商品销售或提供服务"。这个概念不仅包括通过网络销售商品,还包括提供服务相关活动,如教育培训、交通出行、餐饮外卖以及文化娱乐等都属于电子商务的范畴。第三,电子商务依然是"经营活动",是以营利为目的而持续进行的经营行为。无论经营主体是法人、非法人组织还是自然人,都因其经营行为具备了经营者的身份。偶尔进行的交易行为如出售闲置物品等不属于经营行为。

根据《电子商务法》第9条第1款的规定,电子商务经营者的类型主要包括平台经营者、自建网站经营者、平台内经营者以及通过其他网络进行交易活动的经营者。该条第2款③界定的平台经营者的主要内涵在于:搭建交易平台供他人开展交易活动,并提供经营场所、发布信息、撮合交易等服务,为平台内

---

① 参见电子商务法起草组编著:《中华人民共和国电子商务法条文研析与适用指引》,中国法制出版社2018年版,第48-49页。

② 《电子商务法》第9条第1款规定:"本法所称电子商务经营者,是指通过互联网等信息网络从事销售商品或者提供服务的经营活动的自然人、法人和非法人组织,包括电子商务平台经营者、平台内经营者以及通过自建网站、其他网络服务销售商品或者提供服务的电子商务经营者。"

③ 《电子商务法》第9条第2款规定:"本法所称电子商务平台经营者,是指在电子商务中为交易双方或者多方提供网络经营场所、交易撮合、信息发布等服务,供交易双方或者多方独立开展交易活动的法人或者非法人组织。"

经营者交易提供一个虚拟的网络交易平台与空间,并通过提供的服务获取收益,同时平台经营者也可能会直接参与销售商品、广告宣传、物流服务等活动,其身份应当是法人或非法人组织。自建网站经营者是指那些通过搭建网站从事商品销售与服务提供活动的经营者,与传统商务活动相比主要区别在于媒介与经营渠道不同。通过其他网络进行交易的经营者,基于交易环境与模式的发展变化,越来越多的交易开始依托社交网络进行,故也被称为社交电商;但其并不属于平台经营者与自建网站经营者,而是依托其他网络与平台进行电子商务活动的经营者。

基于前文的分析,电子商务经营者种类包含自然人、法人以及非法人组织。在交易活动中,那些可以通过网络服务追踪用户行为轨迹并大量收集用户数据的交易主体主要就是平台经营者与自建网站经营者,也就是法人与非法人组织。从商法学角度分析,作为商事活动的经营主体,法人主要包括有限责任公司与股份有限公司,非法人组织主要包括合伙企业、私营企业、外资企业等。这些主体在经济学领域统称为企业,因而本书在研究过程中对于电子商务平台经营者、自建网站经营者等具有信息技术优势、具备大量数据收集与处理能力的主体采用了电子商务企业的称谓。

(二)电子商务消费者

在电子商务交易法律关系中,与经营者相对应的主体是交易相对方,也就是通常所称的消费者,其与依托电子商务平台销售商品和提供服务的平台内经营者之间发生交易行为。[①] 相较于传统的商事交易法律关系,在电子商务交易活动中,消费者不仅要与提供商品或服务的经营者开展交易,与电子商务平台经营者也会产生各种法律关系,即首先要在电子商务平台进行注册后方能进入以获取相关商品与服务。应当注意的是,我国《电子商务法》使用了用户、当事人以及消费者三个概念。

1. 用户

在《电子商务法》中与用户个人信息保护相关的法条主要有第23条[②]、第

---

① 参见杨立新:《电子商务法规定的电子商务交易法律关系主体及类型》,载《山东大学学报(哲学社会科学版)》2019年第2期。
② 《电子商务法》第23条规定:"电子商务经营者收集、使用其用户的个人信息,应当遵守法律、行政法规有关个人信息保护的规定。"

24 条第 1 款①、第 69 条第 1 款②。

2. 当事人

电子商务当事人主要包括电子商务经营者与电子商务消费者。电子商务交易活动必须有经营者的组织与消费者的参与，电子商务交易法律关系才能够成立。《电子商务法》分别在第 47 条、第 48 条、第 49 条、第 51 条、第 52 条、第 53 条、第 63 条使用了电子商务当事人的概念。

3. 消费者

《电子商务法》第 49 条第 2 款使用了消费者的概念；但是这里的消费者并非通常意义上的消费者，只是电子商务交易关系中的消费者。在电子商务领域进行的活动，是通过建立在信息网络基础上的电子商务平台，以消费者身份购买商品或接受服务。在多数情况下《电子商务法》并不使用消费者的概念，是因为《消费者权益保护法》对于消费者的概念界定较窄，自然人之外的其他主体，不是为了生活需要购买、使用商品或接受服务的都不属于这个范畴；也就是说，法人、非法人组织在电子商务平台上的消费活动，以及自然人非基于生活需要的消费行为等，都不属于严格意义上的消费者行为。电子商务消费者也不是一般意义的消费者，而是指通过电子商务交易方式购买商品或接受服务的自然人、法人和非法人组织。

第三节 电子商务发展与个人信息保护

一、电子商务用户个人信息保护问题之特殊性

电子商务环境下用户对其个人信息具有利益诉求。在以数字化与网络化为运行基础的电子商务活动中，作为电子商务当事人的用户特征可以通过用户名、网络轨迹、浏览记录、密码、IP 地址、信用状况等数字或符号得以体现。个人信息属于具有意志与精神属性的人格价值载体。学术界早已达成共识：实现

---

① 《电子商务法》第 24 条第 1 款规定："电子商务经营者应当明示用户信息查询、更正、删除以及用户注销的方式、程序，不得对用户信息查询、更正、删除以及用户注销设置不合理条件。"

② 《电子商务法》第 69 条第 1 款规定："国家维护电子商务交易安全，保护电子商务用户信息，鼓励电子商务数据开发应用，保障电子商务数据依法有序自由流动。"

主体对其个人信息的自我决定与自主支配,是在信息时代对人格进行关怀的重要方式。在电子商务环境下,用户个人信息是经营者开展经营的核心资源,是实现商事活动目标的重要信息。经营者将收集到的个人信息进行数字化处理与分析比对,可以获得更多的商业资源,对商品与服务进行精准定位,以达到实现利润增长的目标;同时个人信息在不同电子商务经营者之间共享与流通,个人信息潜在经济价值可以得到充分实现,以实现商事自由与信息的顺畅流通。

在电子商务活动过程中,如果围绕个人信息保护的义务性规则在不同场景下被绝对和普遍实施,往往会阻碍对个人信息的有效使用并影响电子商务活动的正常开展。一方面,根据经济人假说理论,基于信息时代的商事活动,电子商务经营者与用户作为理性经济人都有独立分析与处分自身利益的能力,并可以通过协商方式围绕用户个人信息的处理方式与程度等达成一致意见;如果过于严格要求经营者遵循个人信息保护的义务性规则,将有可能缩减用户与经营者开展自由决策的空间,无法真正贯彻民商事活动的意思自治基本理念。另一方面,根据产权约束与激励功能原理,实践中如果强令经营者严格践行信息处理各个环节责任与义务,很可能影响电子商务经营者对个人信息的合理开发、使用的积极性,阻碍个人信息的自由流通,使网络与信息时代的重要信息资源得不到有效的优化配置。

(一)电子商务中的信息流

电子商务时代是大数据的时代,快速增长的数据与不断涌现的技术早已成为电子商务活动中的重要资产,个人信息的收集与处理也开始成为商业活动的"营销之目标"[①],信息被赋予更多价值,并成为推动经济社会发展的重要数据。郑成思教授首次提出"信息产权"之概念,提出"随着信息革命席卷全球,人类主要的财产或者生产资料已不再是第一次浪潮中的土地、第二次浪潮中的生产资料,而已成为信息"[②]。电子商务活动并不会特别引发新的个人信息保护问题,然而行业的特殊性确实增加了公平对待个人信息以及处理交易方商业目标的复杂程度。在这个过程中电子商务的信息处理活动的性质也在发生变化:在

[①] [英]戴恩·罗兰德、[英]伊丽莎白·麦克唐纳:《信息技术法》,宋连斌等译,武汉大学出版社2004年版,第298页。

[②] 郑成思:《信息、知识产权与中国知识产权战略若干问题》,载国家知识产权战略制定工作领导小组办公室编:《挑战与应对——国家知识产权战略论文集》,知识出版社2007年版。

线商业交易取决于广泛的信息收集与数据库的创建,互联网服务提供商和网站在技术层面记录着电商平台、企业与用户间的互动,而在线支付系统记录了有关交易方众多基本细节,这些信息可能会传递给企业以及数据分析机构。随着时间的推移,这些数据会创建相当密集的个人信息数据库,交易信息的存储和在线用户的分析已经成为电子商务企业商业模式的关键策略。[1]

电子商务活动中的信息流是数字信息环境的组成部分。在"信息和通信技术"被设计、实现和使用的社会环境中,数字信息被创建、访问、操纵、存储、传播和使用。数字信息环境通过电子商务平台以及企业影响信息的产生和流动趋势,同时也是信息价值标准的来源。在电子商务交易市场中,规则和资源构成了数字信息环境的基本结构,包括交易和信息交换会随着参与社交互动而被一起使用。通过这种方式,数字信息环境是电子商务活动正常进行的基础设施,当人们利用数字信息环境的规则和资源开展业务时,数字信息环境也会被重新创建并得到维护,形成获取、操纵、传播和使用信息的规则是这个环境中的重要资源。[2]

在电子商务环境中,信息流在企业内部的运作主要体现在三个方面:第一,企业电子商务活动中产生的信息必须在整个组织内部快速有效地流动。第二,企业有责任精心管理其从电子商务活动中收集的信息。第三,企业必须不断努力建立和维护自身与客户之间以及与其所在供应和价值链中的合作伙伴之间的信任。对于电子商务企业而言,产生信息流的主要前端活动涉及三种类型的交互活动:首先是访问、浏览、搜索、注册、下载和购买人员的单独活动,其次是公司的团队活动,最后是因其团队开发、维护和更改网站内容(添加和删除内容和功能、改变设计和结构特征)、通过网站的客户服务与技术支持与企业互动时所发生的社交活动。在进行在线交易过程中,客户使用企业网站时发生的所有操作和交互行为都会直接或间接地生成数字数据和信息,直接互动包括制作或放弃购买,填写注册表格,使用网站的搜索功能或知识库以及向公司发送电子邮件等活动;间接互动主要包括人们在网站中移动时留下的数字路径,这

---

[1] Joel R. Reidenberg, *E-Commerce and Trans–Atlantic Privacy*, 38 Houston Law Review 717 (2001).

[2] J. K. Butler Jr, *Toward Understanding and Measuring Conditions of Trust: Evolution of a Conditions of Trust Inventory*, 17 Journal of Management 643 (1991).

些数据以服务器、浏览器、其他活动日志文件以及其他数字工作的方式进行收集,这些数据可以成为人们使用网站具体方式的实时指引。如果客户认为企业正在进行公平的信息实践,他们将更愿意继续与企业建立关系,允许企业从收集和使用数据中获益。企业与用户之间的信任是一种充满活力的新兴社会关系,并随着参与者之间的相互作用而逐渐发展。①

(二)个人信息的商业价值与利益平衡

网络空间提供了商品和意识跨国界交流的平台,信息技术同时也改变了商业规则与流程,在线交易行为不断朝着个性化的方向发展,电商企业也越发重视为用户提供个性化服务,通过对浏览记录、交易信息以及购物偏好等数据信息进行分析总结,掌握用户个性化需求,以便提供富有个体特色的有针对性的商品和服务。纵观经济发展历程:前工业化时代,依据明确需求进行定作与加工;进入工业化时代,则进入以流水线为生产工具、批量化生产为特色的经济模式;进入网络技术飞速发展时代,基于海量信息的分析使用技术,电商企业可以将定制化和批量生产进行融合,在了解市场的趋势以及用户个性化需求的前提下开展生产与经营,实现了生产链与消费链的有效衔接与配合,降低了成本,还能为用户提供更加完善的服务,在精准需求定位下进行大规模的订制。用户在电子商务环境中可根据需要参与产品与服务的设计与生产过程,将购物偏好与特征通过浏览习惯、意见反馈等方式向企业传达,以满足个性化需求。为了达到这种个性化服务目标,用户需要向经营者提供个人相关信息,在这些基础信息之外,经营者还通过追踪用户的网页和产品浏览记录、购买历史等信息,利用数据分析技术得出指标依据用以指导企业下一步的经营活动。

电子商务在线交易市场不断发展壮大,便捷与高效的在线购买和网络浏览让消费者的生活变得更加轻松,但这种便利也会带来一系列成本。公司正在以更加广泛的渠道收集、存储和使用消费者的个人信息,严重危害了个人信息安全。② 消费者通过选择向商家分享他们的个人信息,但并未被告知这些信息此后将被提供或出售给第三方,获得信息许可使用的公司再将信息传递给从事收

---

① J. K. Butler Jr, *Toward Understanding and Measuring Conditions of Trust*: *Evolution of a Conditions of Trust Inventory* ,17 Journal of Management 643(1991).

② See Melissa Riofrio, *The 5 Biggest Online Privacy Threats of* 2013, http://www.pcworld.com/article/2031908/the－5－biggest－online－privacy－threats－of 2013. html,accessed 29 October 2018.

集、存储和销售消费者信息业务的公司,在很多情况下数据分析公司不仅会收集消费者的信息,还会跟踪消费者在交易过程中的所有信息,包括购物的场所和内容,以及在网上浏览后的任何痕迹。实践中无论是基础信息还是再分析后的数据都会存在一定的信息泄露风险。出于电商活动的发展需要,信息的收集、使用和再加工都是必要的,为了更好地利用数据分析技术推动商业活动的发展,应当在信息的使用和保护之间达到必要的平衡,而这种平衡的实现就需要对经营者和用户的权利义务进行合理的规划与设计。需要明确的是,对于个人信息的保护绝不意味着损害商家的合法权益与经营目标,应清晰界定保护限度以实现消费者权益与经营者利益的双赢。

二、企业经营策略、目标与个人信息风险

(一)企业处理个人信息的方式与目标

数据收集分析技术已经出现很多年,数据收集者的能力在网络时代得到了扩展,也使数据市场不断扩大。数据挖掘工具有助于在参与电子商务时启用搜索工具,无论是采用协同过滤模式还是更为精细的形式,当个别电子商务企业使用的数据与其他数据库相关联时,信息安全便成为前沿和中心问题。[1] 互联网的发展与信息技术的进步使企业更容易收集消费者的个人信息并在线跟踪他们的习惯,经批准的公司从消费者那里收集、区分或追踪各种个人身份信息,内容包括但不限于客户的姓名、地址、电话号码和电子邮件地址。这类信息既可单独使用,也可与其他个人信息或与特定个人相关联的识别信息结合使用。[2] 该定义并非基于任何单一类别的信息或技术,而需要逐个评估以识别特定风险。数据是通过访问各种在线和离线消费者活动来收集的,这些在线轨迹揭示了相关的个人信息,可通过消费者的浏览习惯进行收集和存储,无论是小型零售商还是互联网巨头都会出于各种目的收集消费者信息,促进公司的内部营销,以产生有针对性的广告,这些活动主要包括:在线购买产品、浏览互联网、

---

[1] See Muralidhar K. et al. , *An Improved Security Requirement for Data Perturbation with Implications for E-Commerce* ,32 Decision Sciences 683(2001).

[2] See Peter R. Orszag, *On Guidance for Agency Use of Third – Party Websites and Applications*, https://www.whitehouse.gov/sites/default/files/omb/assets/2010/ m10 – 23. pdf. ,accessed 18 September 2018.

填写表格或调查表以获得优惠券、社交媒体、订阅网站以及进入抽奖活动等。

电子商务不会引发新的数据信息安全问题，电子商务在用户个人信息保护与企业经营目标实现之间需要面对更加复杂的处理方式，同时在交易过程中的数据处理活动的性质也会发生变化。在线商业交易取决于与个人相关的前所未有的广泛数据的创建与使用，离线与在线数据之间的边界线也在变得模糊，实际上，对用户、企业以及经济社会发展而言，电子商务中的信息安全问题的重要性不言而喻。网络服务提供商、技术运营商以及商业平台间的互动都需要使用大量的个人信息，电子商务交易中的在线支付系统记录了交易方及其交易的基本细节，这些信息可以传递给交易中的多方参与者，随着时间的推移，这些数据线会创建密集的个人信息数据库，交易信息的存储和在线用户的分析已经成为电子商务企业商业模式的关键策略。企业认为，如果他们能够详细分析行为信息就可以更好地为用户提供服务。近年来国内外知名互联网企业也越来越依赖精准广告的在线商业模式，每个向第三方传输的点击流信息对于企业来说都变得极为重要。

企业通过用户行为信息对其进行分类，并向他们展示可能感兴趣的内容。事实上，随着企业掌握的信息技术能力更加复杂，对个人信息的传输与使用也越发隐秘并缺乏透明度，同时交易数据和配置文件不仅限于在线活动，离线与在线信息互动的模糊也造成了重大的信息隐私问题，近年来学术界与社会公众都对电子商务数据流的复杂性保持着持续的关注。一方面，电子商务用户需要更加丰富的商品、服务以及不同的定价选项，也需要关于购买产品的真实和准确信息，更重要的是出于隐私和安全原因，用户更希望在交易中保护个人数据信息，电子商务既增加了消费机会，又在保护用户某些权益方面面临着特殊的挑战；另一方面，生产者希望通过降低成本和限制责任风险来实现利润最大化，这就要尽可能将其成本外部化来实现。

生产商的目标是创建一个具有成本效益的供应链，并在进入全球市场时实现低交易成本，并希望将产品销售给世界各地的目标客户。数据信息保护是电子商务的一个主要问题，虽然通过加密等解决方案可以帮助企业保护机密数据传输，但作为电子商务的一部分，营销数据的隐私缺陷仍然很多。越来越多的电子商务和在线数据库的广泛利用引发了许多关于用户信息泄露或丢失的问题，即使对单个数据库采用加密和其他形式保护，企业仍然需要通过跨多数据库的链接来防止信息泄露,数据挖掘工具有助于在电子商务活动中启用协同过滤或更精细的搜索功能与形式,然而当个别电子商务供应商使用的数据与其他数据库相关联时,用户隐私与信息安全问题依然是电子商务领域需要重点研究的前沿与中心问题。[1]

(二)用户面临的信息安全风险

信息社会的运转建立在信息正常的流动与共享基础之上,在信息社会中,以用户需求为中心汇聚而成的信息流已成为信息社会的重要内容。[2] 电子商务交易过程中所使用的用户信息包含了大量的敏感信息,无节制地收集与重复使用会给用户个人信息带来巨大风险。电子商务平台个人信息泄露、被盗用等案件层出不穷。无论是网络服务商还是电子商务经营者,都在发掘数据所隐藏的巨大价值,信息控制者与处理者会长期保留并反复使用这些数据。数据存储的时间与使用频率对应着信息被滥用的概率。当数据的收集与使用威胁到信息主体的相关权益时,就需要新的方式使权利人可以自我决定并控制信息。与物权人能够通过物理手段控制其权利客体不同的是,作为权利客体的个人信息被收集后,无法采用有效方式控制,实践中只能通过法定或约定的义务对信息控制者与信息处理者进行约束。

互联网是自由且开放的世界,其成员具有多样性和数量分散等特征,网络上的所有信息都是由路由器来传送的,部分组织与个人可以通过扫描某些关键节点达到跟踪并窃取用户信息的目的,因而从技术层面上看任何用户的网络信息与隐私数据都存在被窥探的可能。随着电子商务领域竞争的加剧以及利润空间的缩小,企业将更多地使用交易数据信息进行吸引特定用户群体的营销,同时这些信息的使用也会渗透和交叉到其他业务领域。电子商务用户面临两个方面的在线信息安全问题:

第一,未经授权收集与滥用个人信息行为。未经授权的个人数据收集和共享会对用户造成人身权与财产权侵害,许多信息泄露是由企业或数据经纪中介的个人信息数据库中的技术漏洞或管理缺失造成的,消费者可以采取预防措施

---

[1] See Krishnamuty Muralidhar, Rathindra Sarathy & Rahul Parsa, *An Improved Security Requirement for Data Perturbation with Implications for E-Commerce* ,32 Decision Sciences 683 – 698(2001).

[2] 参见刘志慧主编:《电子商务法律法规》,清华大学出版社 2015 年版,第143 页。

以保护他们的信息安全。但如果对于信息被收集的内容、时间、使用范围等完全不知情，也就无法及时阻止企业对信息的收集和存储。企业通常不会仅仅为了一次性使用而收集个人信息，他们会无限期地保留这些信息。企业会与第三方共享或交易收集到的个人信息，用户的个人信息被用来为企业赚取利润，用户个人信息是一种热门商品，在向企业进行披露时潜在价值是不为人知的。企业收集个人信息并将其传播给数据中介时，这类专门收集、分析、存储和销售个人在线信息的企业反过来又会促进数据市场的发展，而这些第三方机构在很大程度上不为普通消费者所知，虽然它们没有与消费者直接接触，但其操纵和分享着这些信息，用户很难得到数据处理中介获取和使用信息的解释。

第二，用户对信息缺乏有效控制能力。在线数据收集协议中存有大量难以理解的专业词汇与表述，用户不知个人信息是否将与第三方共享，如果数据收集不准确且没有机会纠正错误，用户权益可能会因此受到损害。这不仅会使用户质疑企业的信用能力，还会影响用户的交易行为。[1] 这类型的信息风险通常涉及电子商务企业的合法行为，这些企业可以通过网站获取用户的有关购买和支付习惯，如企业会在其网站中要求用户注册个人信息，部分网站则拒绝向未注册用户提供服务，高度重视隐私的用户可以拒绝注册，但注册后的用户可能会认为企业仅使用该信息以促成交易，但实际上这些信息会被用作其他目的。基于技术的进步，企业正在建立庞大的用户数据库并以独特的方式聚合和操纵信息与数据，其中大部分是以隐蔽的方式完成的，用户对于被收集的信息内容、使用方式或销售对象完全不知情，用户隐私会在不知情、不同意或不受控制的情况下被侵入，同时还会因个人信息的不准确或不完整而使其权益受到侵害。

三、产业利益与个人信息价值评估

（一）对个人信息的价值评估

长期以来，个人信息通过传播、收集、处理等形式发挥着重要且稳定的作用，但伴随着网络与信息技术的快速普及，个人信息早已从单纯的交流工具转

---

[1] See Dennis D. Hirsch, *The Glass House Effect: Big Data, the New Oil, and the Power of Analogy*, http://money.cnn.com/2014/05/28/technology/security/hack-databreach, accessed at 18 July 2018.

变为推进信息化产品与服务的特殊元素,并呈现出巨大的商业价值。个人信息作为信息社会的重要基础资源,对其进行有效的开发与使用能够推动信息社会的进一步发展。① 网络与信息技术推动了对海量数据分析与处理的能力,处理能力的进步又在促进信息交易的发展,并成为产生财富的新途径。② 在对信息价值认知的基础上,各行业的生产活动会越发频繁地使用个人信息,电子商务作为数字经济的重要组成部分,交易数据在飞速积累的同时,其具有的经济效益与社会价值也在以更高效的方式应用于商事活动中,引导企业作出营销决策。③ 但随着交易平台的完善以及交易环境的成熟,用户权利意识也在不断提升,获取服务的同时也在期望相应的价值回报,因而建立并完善合法的个人信息价值评估体系是防止个人敏感信息披露和促进数字经济的重要选择。随着电子商务交易活动的日趋频繁,学者们开始将研究方向转向扩展和深化个人信息的内涵,用户信息既包括个人基本信息,还包括大量的网络活动信息。电商企业在收集和处理用户个人信息时,只会侧重使用有助于经营目标的信息,并非所有的个人信息都具有使用价值,因而明确个人信息的内涵并进行分类有助于评估个人信息价值。④

经济分析经常会围绕个人信息价值这一主题展开,通过有效使用个人信息以提升企业效益,也在不断证明交易中个人信息所发挥的重要作用。为了最大限度实现个人信息蕴含的价值,以提升信息提供意愿并推进信息共享为目标的研究也开始备受关注。科尔南在研究时发现,在对个人信息进行商业使用时,如果不全面反映信息价值可能会增加隐私泄露的顾虑。⑤ 哈格尔等在开展个人信息隐私化研究时提出,在特定情形下,人们开始频繁地主张隐私概念,其出

---

① 参见齐爱民:《个人信息开发利用与人格权保护之衡平——论我国个人信息保护法的宗旨》,载《社会科学家》2007年第2期。
② See Schwartz P. M. , *Property, Privacy, and Personal Data*, 117 Harvard Law Review 2056(2003).
③ See Acquisti A. , *The Economics of Personal Data and the Economics of Privacy*, 60 Econoics of Personal Data & Privacy 163(2010).
④ 参见黄逸琚、陆桐、闫强:《电子商务网站个人信息价值评估》,载《北京邮电大学学报(社会科学版)》2017年第5期。
⑤ See Culnan M. J. , *How did they Get My Name: An Exploratory Investigation of Consumer Attitudes Toward Secondary Information Use*, 17 MIS Quarterly 341(1993).

发点并非保护个人信息,而是为了将个人信息隐私化以达到获取补偿的目的。① 泰德斯奇在其研究中提出,约有82%的网络消费者愿意与一个购物中心分享其个人信息以获得100美元。② 如果信息货币化所带来的潜在利益超过隐私顾虑,人们往往愿意提供信息并获取收益。基于研究结果与大量商业实践,电子商务中的个人信息并非不能触碰,多数情况下人们愿意提供信息以交换相当价值的产品与服务。

(二)个人信息保护的立法价值

网络的功能与特征使传统规范体系调整能力弱化,并诱使个人放弃对信息的支配,网络上不实信息、私密不雅照片等侵害个人人格权的案例层出不穷,而此种风险通过网页搜索引擎的使用更为加剧。电子商务企业所收集的个人资料有时是私密信息,包括虽公开但已过时的信息,同时也衍生出保障人格权的需求。企业通过分析个人信息轨迹用来分析用户行为偏好,经过处理的数据可以用于对未来商事活动的预测。在信息社会中,个人信息被视为有价值的经济资产,然而,网络空间的人格权侵害则无法以传统方式予以救济,虽然可提起诉讼,但该原始网页的信息已通过其他网页或社交媒体等方式再次散播,就此法院判决的法律效力无从及之。在网络空间对个人信息处理进行规制的重大困难在于,个人请求权往往难以实现。从正面角度看,信息处理与使用的进步可以作为科技进步的福祉;相反地,亦有可能产生无法控制的人格掌控危险,因而也属于科技所带来的负面影响。由此可见,传统法律制度与救济手段需要有更贴近网络特性、更为有效的技术与组织上的预防手段来回应。

个人信息保护首先是一个维护并实现人格尊严的过程,营销与交易目标的达成建立在对大量信息分析基础之上,作为企业经营的指标,在收集、处理海量个人信息时,可能会因为技术漏洞或者管理不善导致泄露,用户人格尊严与自由受到损害,因而须对企业处理个人信息的各个环节予以规制与管理。目前,各国保护模式都是在保障公民人格尊严的同时,充分认同并实现个人信息的综合价值。"人格尊严既是个人的一种观念,也是社会的一种态度,道德以尊重

---

① See Hagel J. & Rayport J. F., *The Coming Battle for Customer Information*, 75 Harvard Business Review 53(1997).

② See Tedeschi B., *Everybody Talks about Online Privacy, But Few do Anything about It*, 6 New York Times 137(2002).

自我和尊重他人的方式彰显,有尊严的人性是与道德相适应的。"①"确认和保护人格权的根本目的就是维护人格尊严,是一般人格权的核心内容。"②人们对自身价值的认知与其个人信息密切相关,只有充分了解个人信息才能真正认识自身价值并进行正确评价。人格尊严还是一种对自然人认同与尊重的综合社会评价,这种评价的依据就是个人信息,因而,保障主体与其信息的一致性并避免形象被扭曲,既是体现人格尊严的方式,也是个人信息保护的重要任务。③"人的尊严"观念源于自然法传统,是现代法律秩序的哲学基础,维护人格尊严就代表承认每个独立个体都具有不可替代性并享有自主、自决的权益。个人信息保护的立法价值倾向于保障人格尊严和信息的正常流通,隐私权制度的立法价值往往仅涉及人格尊严。④

(三)电子商务产业面临的挑战

在网络与信息化时代,日常的各种活动都与网络适度结合,商业领域的交易活动更是需要网络提供基础服务。在多样化的商业行为与活动中,电子商务提升了效益与竞争力,但也隐含了许多亟待改善的问题,包括执行效率、个人信息与交易安全、系统运作的特性以及配合环境调整与异常情况的维护能力等,涉及的因素非常多,其中又以个人信息与交易数据的安全对企业与利害关系人的影响最大,其冲击已经超越功能与效能的需求,因而电子商务个人信息安全性是一项必须重视的议题。电子商务中出现的安全事件几乎都属于被告知后才发现,因此,系统被入侵或信息外泄等事件一旦被确认,对企业所造成的损失及对用户所形成的冲击往往是难以评估的,即使后续采取耗费人力与成本的修补手段或改善措施,也无法有效弥补。

电子商务系统除了必须面对复杂的网络环境以及更新频繁的硬件设施,在运作中,还要即时满足组织与用户所提出的各项需求,此外为了协助企业达成持续经营的目标,电子商务系统应当具备可以持续改善、提高扩充系统能力、交

---

① [德]康德:《道德形而上学原理》,苗力田译,上海人民出版社2002年版,第54页。
② 王利明:《人格权法的发展与完善——以人格尊严的保护为视角》,载《法律科学(西北政法大学学报)》2012年第4期。
③ 参见齐爱民主编:《个人资料保护法原理及其跨国流通法律问题研究》,武汉大学出版社2004年版,第30页。
④ 参见最高人民法院民事审判第一庭编著:《最高人民法院利用网络侵害人身权益司法解释理解与适用》,人民法院出版社2014年版,第175页。

易完整性和安全性等基本特质。个人信息保护相关制度在实施后如何保护用户个人信息与交易资讯,已成为电子商务系统必须重视且加强的项目。为提升电子商务个人信息的安全性,应当在电子商务安全事件发生后,主动侦测安全事件且即时提出后续的补救措施,以降低电子商务安全事件带来的损失。保护电子商务系统的个人信息,应当对企业的个人信息系统予以完善,并从制度、技术及管理三个层面建立电子商务个人信息保护措施。

首先,制度层面应配合个人信息保护制度要求制定相关的作业程序、工作指引与相关表单,主要的程序应包括:个人信息收集程序、个人信息处理程序以及个人信息使用程序。其次,技术层面应从安全防范措施与事件侦测作业两方面着手:安全防范措施除可以通过防火墙、入侵侦测系统(IDP)等硬件设备加强网络安全防护外,还应该采取薄弱扫描工具与渗透测试技术,检测软件系统与应用程序的安全漏洞与缺失,以降低被入侵的风险。事件侦测作业持续且即时地监测各种可能的安全事件,一旦发现资讯安全的异常状况,经进一步确认后,必须立即采取补救措施阻止安全事件的扩大,以有效减少安全事件的冲击与损失。最后,管理层面应针对建立的制度与技术活动进行管控,以确保制度层面可以真正落实,安全防范措施与事件侦测作业可以提升电子商务系统的安全性。此层面主要任务包括:针对制度层面的问题与缺失,提出适当的改善措施,以确保制度的可行性;针对技术层面提出相关的强化作业,以提升电子商务系统的安全性。

第二章　电子商务时代个人信息面临的典型风险

快速发展的网络与信息技术改变了社会发展的轨迹与人们的生产生活方式,更多的社会经济活动开始转到网络空间进行,并且随着新技术的不断涌现,收集与分析个人信息的方式也更加便捷与高效,互联网作为虚拟市场普及后,随之而来的电子商务热潮呈指数级增长,在线交易规模不断扩大。但技术的进步也导致了用户个人信息被无限制地收集、挖掘与分析,用户提交其个人信息以换取简便与快捷的服务,对其信息所处状态完全不知情,广泛存在的跟踪监视行为也对个人隐私信息构成了严重威胁。本章将重点讨论电子商务环境下数字隐私风险的几个主要领域:个人信息的商业化使用、网络定位与追踪、云服务以及对用户行为的分析预测等。

第一节　个人信息的商业化处理与使用

一、商业链条下的个性化营销

在过去10多年中,诸多企业基于商业利益的需要已积累了大量的用户个人信息,收集和整合是信息时代的新兴产业,不断快速发展的技术使企业能够收集现有或潜在客户的信息,并实现最大化的信息商业化价值。众所周知,数字媒体和移动营销正在以惊人的速度继续增长,全球企业正在尝试管理大量潜在敏感数据,并在不断研究和开发云计算技术以节省资金并提高效率。为了满足这些需求,信息技术公司继续开发更为先进的系统以管理和保护数据,跟踪在线和移动行为,聚合信息,定位 Web 和移动广告以及将流动信息货币化。[1] 将个人信息转化为可用资源成为推动经济发展的重要部分,其中数据库技术和信息处理技术,如"数据挖掘"与"个性化定制"目标允许企业生成令人震惊的数百万消费者的详细信息图像,通过使用这些技术,企业对数据进行分析,制定针对潜在客户的个性化策略。

在信息技术日新月异的今天,相较于过去的营销方式,从目标用户那里可获得的信息的数量和范围在不断扩展。自 20 世纪 70 年代起,基于文件配置的个性化营销开始在全球盛行,企业将用户的个人信息与购买信息进行结合,信息来源从居民电话簿到选民登记数据库,通过这些数据对数百万消费者的消费偏好进行全面描述。诸多企业可以提供家庭收入、年龄和性别、兴趣和爱好、住房类型和价值以及许多其他基本信息,这些信息可以附加于企业的用户列表中,企业根据这些信息对消费者进行定位与选择。

近年来,网络与信息技术的发展极大地增强了收集、存储、检索、处理和传播信息的能力,企业对个人信息的分析与使用已渗透到社会生活的各个方面,并开始威胁用户的个人信息安全。电子商务时代,更多的企业为了在激烈竞争中占得先机开始大范围地收集和交换个人信息。在强大的商业链条下企业拥有海量的个人数据信息,包括用户购买的物品、旅行的时间地点、收入情况、健康状况和婚姻状况等,而使用这些信息的频率和普遍性也威胁着用户的信息安全。每一笔电子交易的记录都提供了个人私生活具体方面的内容,而当这些信息片段叠在一起的时候,就会创建出对个人的完整描述。[2]

通过使用大型数据库并与先进的分析技术相结合,企业能够发现个人的购物兴趣、习惯、态度以及价值观和意见等信息,可以通过现有数据创建个人活动

---

[1] See Emily Steel & Geoffrey A., Fowler, *Facebook in Privacy Breach*, http://online.wsj.com/article/SB10001424052702304477280457555884075236968.html, accessed 10 December 2018.

[2] See William J. Fenrich, *Common Law Protection of Individuals' Rights in Personal Information*, 65 (3) Fordham Law Review 951 – 1004 (1996).

的完整记录与档案。但随着数据分析技术的进步,出于最初合法目的收集的信息也可能被用于新的场景或侵入性的用途,每笔交易的记录都永远存储在系统与数据库中,可以长久地定义或影响个人的社会评价。现阶段个人信息保护立法往往滞后于技术的发展,虽然对个人信息权的法律承认最初是由社会和技术变化引起的,但仍然需要法律对已存在的技术变革进行回应,正如沃伦和布兰代斯在其文章中指出的:政治、社会和经济变革意味着对新权利的承认,保持法律的进步以满足社会的需求。①

在这个技术高度发达的时代,存在大量移动设备或在线社交网络平台,每个人都会不可避免地处于一个由互联网和移动设备构成的数字网络中,企业具有更强的跟踪、维护和分析数据的能力,以生成全面的个人数字档案,新技术可以将位置数据与主体身份进行联系。在更加广泛和密集的网络访问环境下,人们对自己数据的控制正在减弱,在线用户不知道谁拥有他们的数据,也不能阻止他人对自己数据不必要地使用,个人数据如何被收集和使用是未知的和难以预见的。充满未知和不确定的信息攻击风险使个人逐渐失去对个人信息的自主权。新兴技术带来的主要威胁是互联网可以提供比离线世界更为详细的信息。信息主体无法确切地掌握信息如何被使用以及是否存在危险,也就无法阻止破坏性活动或提出赔偿要求,但在信息被收集时往往不太可能预测到可能的信息风险,如果没有相应的立法框架与技术更新,这些不可预测的信息处理行为将会减弱主体保护并控制个人信息的能力。

二、社交网络与在线营销的结合

(一)目标明确的精准营销

互联网作为虚拟市场的普及,在线购物和获取信息的高效与便利,带动电子商务热潮呈指数级增长,导致个人信息被广泛收集、存储、传输和访问。针对电子商务用户开展的营销活动经常以提供信息为前提,多数人会选择向商家透露个人信息以换取更为简单和便捷快速的交易服务。多数用户希望其信息在网络空间中保持匿名,但为个人信息支付高价以进行营销活动的企业则希望通过深度挖掘发现信息的潜在价值,开展有针对性的营销、产品开发以及市场研

---

① See Warren & Brandeis, *The Right to Privacy*, 4 Harvard Law Review 193 (1890).

究。精准营销早已成为跟踪和汇总用户数据的强大利润激励,这种做法通常对用户来说是不可见的,它允许企业将其在线广告与受众利益更紧密地联系起来,将收集到的所有信息经过分析处理构成一个详细和敏感的数据图像并追溯到具体个人。与此同时,数据中介机构致力于收集、整合、销售个人信息,专门的数据分析机构通过社交媒体账户、公共记录、消费者购买数据和网络浏览活动等多方来源收集用户信息,并整合这些数据,用于目标营销活动。

近年来,企业业务模式呈现出将信息的收集、分析、跟踪与社交互动监控相结合的运行特征。[1] 企业通过详细分析全球活跃用户的互动活动,并与其他数字媒体与数据分析企业进行合作实现信息化的运作。[2] 这些数据驱动下的运营和技术正被电子商务行业普遍采用,数据的收集、分析、测量和定位已成为常规做法,通过定制和个性化用户购物体验,改变个人在应用系统页面或其他在线内容中看到的内容,并根据用户的兴趣、社交网特点和日常活动轨迹创建广告信息。

企业通过关注个人在线消费活动及社交网络行为,使用"会话监控"以及其他网络分析工具来监控用户实时行为与细节,并将这些分析活动直接融入个人的媒体互动和购物体验中。同时,在技术领域拥有更多优势的企业开发了新的数据分析工具,用于测量和跟踪所有数字设备的行为,通过使用复杂的数据分析来监控用户对广告的反应,密切关注用户的在线行为与相关活动。移动技术与应用程序在快速发展的同时已成为被最广泛使用的数字设备,企业能够随时随地关注用户活动,诸如地理围栏类的技术使营销人员能够在特定位置附近创建"预定义的虚拟空间",以指示某个人何时"在确定的半径范围内"活动,并监控和评估用户的整个"购买路径"之旅,同时通过激活各种软件工具,营销人员可以对诸如下载内容或转载视频等用户互动活动进行提示和奖励,以促进"品牌参与度"并触发营销信息传播。[3]

---

[1] See Alex Iskold, *Social Graph: Concepts and Issues*, http://www.readwriteweb.com/archives/social-graph-conceptstandissues.php, accessed 17 November 2019.

[2] See Kathryn C. Montgomery, *Youth and Surveillance in the Facebook Era: Policy Interventions and Social Implications*, 101 Telecommunications Policy 285(2015).

[3] See Kathryn C. Montgomery & Jeff Chester, *Data Protection for Youth in the Digital Age*, 1 European Data Protection Law Review 277(2015).

(二)基于社交网络的电子商务交易

目标营销是企业寻找和获取新客户的系统方法,任何企业想要得到成长和发展,有效的营销是必要的,这意味着将企业的正面形象传达给目标市场中尽可能多的人。基于获取信息的快捷性与在线购物的便利性,互联网作为虚拟市场的普及以及随之而来的电子商务热潮呈指数级增长,通过提供专门针对用户偏好量身定制的广告开展目标营销活动,从个人信息的收集、存储和传输流转中获取巨大的收益。[①] 随着虚拟社区用户量的不断增多,更多的企业开始倾向于使用社交媒体来实现营销目标,通过在不同网站上放置在线广告,参与论坛和社交媒体等方式开展在线目标营销活动,其中社交媒体主要包括社交网络、博客和微博平台、论坛以及用于音频和视频的共享社区等,使用互联网的在线营销表现为以个性化、交互式和远距离沟通等方式实现交易目标。

社交网络被证明是能够吸引用户注意力的最有效方法,并且其潜力远远大于任何其他应用程序。社交网络可以被定义为"人们通过交互平台共享其兴趣爱好,通常是来自相同的文化或地理区域或在特定标准上形成的组"[②]。虚拟社交网络是一种由"具有共同兴趣和需求的用户"汇集的公共空间,在社交网络中人们聚集在一起,具有对共同利益、联系交往、个人发展甚至是生活经验进行分享的需求,社交网络通常围绕区域特性、本地文化、特定功能或其成员的主导特征建立,吸引特定年龄的成员并针对其工作和个人生活方面的兴趣展开,在此基础上,根据用户在其个人资料页面上提供的信息,可以针对其年龄、性别、偏好、爱好及群体类别等进行归类。

通过社交网络进行的在线营销还具有其他优点:(1)可以轻松获得消费者的个人数据,这有助于建立特定的细分市场和用户类型;(2)可以在对话基础上,鼓励消费者直接参与;(3)能够获得用户直接和快速的反馈;(4)企业可以通过实时通信或博客与目标群体建立自己的沟通渠道;(5)通过在社交平台交流产品信息或品牌,平台用户也可以成为品牌的推动者;(6)通过创建同类群体以交换意见或产品的方式相互影响。世界上 2/3 的网络用户经常使用社

---

① See Jason A. Kotzker, *The Great Cookie Caper: Internet Privacy and Target Marketing at Home and Abroad*, 15 St. Thomas Law Review 727(2003).

② Gregory Siskind, *Marketing on the Internet*, 22 Law Practice Management 30(1996).

网络，用户在这些社交网络上花费的时间超过其他应用的在线时间，了解在线营销提供的所有优势和机会，企业还应该考虑到通过社交网络实施促销最重要的是需要严格的组织和规划，同时实施社交媒体活动还必须具有创造性和透明度。①

互联网时代不仅改变了商业和教育，而且更深入地融入基本的社交互动。社交网站的受欢迎程度和使用频率不断增加，吸引更多人参与。自 Web 2.0 时代起，社交网络由博客、论坛或共享内容网站等应用程序组成，它改变了人们与信息和媒体的关系，鼓励更多交互平台供用户进行讨论和交流，以有效地推动营销与沟通。如果能够访问所有信息来源，企业将能够通过社交网络获得全面的利益，同时最大限度地减少劣势。② 互联网用户对社交网络平台的态度更加开放并花费大量时间进行浏览与交流，典型的社交网络用户在至少两个不同的社交平台上拥有账号，多数用户每天在多个社交网络登录，通过这种方式，在线营销活动的可见性和联系将在大量互联网用户交流中得到实现。

近年来，互联网用户对传统在线广告的敏感度正在逐渐下降，企业必须提出更为新颖的内容以吸引公众的注意，但用户在浏览社交网络时往往倾向于忽略和关闭浮动的广告，而通过社交网络推广产品或服务往往更方便且易于实施。更新颖的营销方式是为用户找到一个有趣的讨论主题，人们创建内容并进行互动，针对这样一个细化的市场，消费者可以通过这种方式参与并提供建议，而其他用户可以在平台上进行评论或回复。通过社交平台，企业能够主动适应用户的需求而不是使用传统的推送营销消息：多种类推动广告（动画横幅、展示广告、重叠式广告、视频横幅、前贴片视频）、活动参与（联盟营销、竞赛、促销）、品牌参与（博客、论坛、在线问题）、应用行动（赞助申请、定制工具）、对话活动（与品牌、产品或服务相关的主题）等，相较于传统的营销方式，社交网络营销的未来发展充满巨大的潜力与机会。

---

① See Steven C. Bennett, *Regulating Online Behavioral Advertising*, 44 John Marshall Law Review 899 (2011).

② See Patrick Frye, *An Internet Advertising Service Can Constitute Use in Commerce*, 22 Santa Clara Computer & High Technology Law Journal 89 (2005).

三、商业使用中存在的信息风险

在新兴技术领域,电子商务用户在与企业进行商业交易的同时也在参与数据的收集、交换和使用,多数用户并不知晓这些活动的进行,企业普遍采用的方法是基于购物者的详细个人购物偏好来进行定价,通过跟踪技术收集的大量信息可与先进的数据挖掘技术相结合,以发现统计特征与产品偏好之间的关联,或预测用户对价格变化或特殊交易作出的反应,这些技术将复杂的定价模型应用于个人消费档案,从而将个性化价格定位到具体用户。近年来,快速发展的数据中介机构掌握着不同数据源与分析比对技术,从公开记录、商业实体与零售商记录,到搜索引擎和社交媒体收集有关用户查询和使用习惯的信息,进行多种数据源组合并制定营销策略。商家可以访问和分析会员卡信息与付款记录进行大量信息收集,利用这些信息为用户提供量身定制的折扣或者提供电子优惠券以吸引更多的购买,根据用户购买历史对其进行精确的价格敏感度定位。在这些交易背景下执行知情同意政策存在实际困难,即使立法要求企业严格执行透明度政策,并要求所有访问个人信息的各方进行充分披露,用户面对大量的隐私声明无所适从,往往会选择忽略以弹窗方式出现的声明。信息技术可以提高收集、存储、处理和传播个人信息的速度与效率,而这些活动都在以不同的方式威胁着个人信息安全。

首先,在信息技术快速发展的时代,对个人信息的收集比以往任何时候都更加普遍,收集内容不仅和日常交易相关,甚至还包括存储在数据库中用于未来经营计划的信息。每当一笔电子商务交易完成时,系统会收集并存储识别消费者的位置、日期和时间以及请求和交易金额等信息,每笔商业交易都会以电子方式编码并提供审查,用户的过去、现在和未来活动偏好以及交易地点都可以较为容易地确定,针对用户的数据收集几乎涵盖了每一笔交易并涉及多领域的信息,实际上通过现有积累的信息还可以推导出全新的信息类别。

其次,现有网络信息技术对个人信息的存储和检索比以往更加便捷,不同于前信息时代个人信息的纸质文件分散记录,现有的个人信息都集中在系统数据库中,这不仅有助于审阅个人数据,并且还可以延长数据有效期,这些都有助于对个人信息的全面审查与访问。数据库系统不仅能存储信息,还可以通过使用和分析这些扩展的信息充分了解、分类和预测消费者未来的行为。

最后，网络信息技术已在各领域得到广泛应用，个人数据的传输更为便捷与高效，不断进步的通信技术进一步降低了传输成本和访问数据门槛，新的数据组合方式还能够构建出具有个性的消费档案。随着越来越多的行业将交易信息放置于数据库中使其可供出售或出租，个人信息的安全危机也随之增加。多数企业不仅使用计算机数据库来收集识别参与交易的特定人的所有交易记录，还将这些信息传递给第三方，在网络交易额飞速增长的时代，企业需要收集信息以保障其合法的商业利益，同时还可以自由地存储有关交易记录，但仍然需要在合法范围内进行信息收集并保证不会随意传播。

新的信息技术的引入与升级不仅使收集的信息量趋于增加，还改变了所收集信息的性质和用途，被收集的信息可能会被用于预期用途之外的目的，因而拥有数据库的企业有动机去考虑现有数据的有利可图的新用途，从更广的角度来看，整个社会正在经历一个全面的技术变革。个人对其信息的控制力正在减少，企业倾向于控制与使用个人信息数据库，海量的信息往往代表着更多的资源与商机。① 企业在交易中掌握了更多的主动权，并可以根据个人的信用历史等传统因素，对个人的消费态度、品位、偏好等以特定方式进行定义，数据库中的数据指标会变得僵化和排他。

在某些情况下，在商业活动中传播和使用个人信息可能造成侵害主体权利的情况，应当确定对个人信息处理各环节可能存在的风险，并界定可接受与不可接受的行为之间的界限。并非所有商业传播和使用行为都会侵犯个人权益，有相当一部分的信息处理活动是必要且有益的，企业有必要收集个人信息以确保实现其合法商业利益，在信息收集阶段，个人应当有能力选择是否放弃某些个人信息以换取商品与服务，同样作为一种合理的商业惯例，企业有必要保留用户的交易记录和历史。在商事活动中，并不是企业存储个人信息就会扰乱我们的合理隐私期待，即使企业确实拥有个人的大量信息，信息的处理本身也不会特别侵犯个人信息安全，而是商业实体之间未经授权的传播、转移和共享个人信息会在不同程度上危害个人信息安全，这种未经主体同意而传播和共享个

---

① See Anna H. Davis et al. , *The Economics of Privacy and Data Security* , 9 Journal of Law, Economics & Policy 461(2013).

人信息的行为从根本上违反了对信息安全的合理期待。①

第二节　对网上行为的定位与追踪

一、新型追踪技术的产生与发展

20世纪90年代,互联网的兴起带动了信息技术的发展,随着世界进入互联网时代,借助数字信息技术的日新月异,人们开始在全球计算机网络系统组成的虚拟世界中传输数据和信息,同时数字技术的创新也促进了互联网的扩展,结合宽带应用和光纤通信网络,世界范围内存储、聚合和传输数据的能力快速提升,极大地推进了海量数据的跨境传输能力。此外,无线互联网服务和移动设备的革命极大地改变了全球通信格局,人与人之间的联系比以往任何时候都要紧密。互联网为人们提供了一种替代方案,可以通过在线连接与商家开展交易活动,然而当数字信息技术迅速发展和转型时,互联网中个人信息安全状态不可避免地会处于危机之中。

数字信息技术的发展为人们的日常生活提供了显著的便捷,为企业发展提供了更多技术优势,基于技术进步而产生的在线监测与跟踪系统也广泛存在,当用户使用互联网或浏览网页时,企业可以通过各种方式跟踪和存储个人的活动,通过跟踪用户的活动收集的信息可以为用户提供诸多便利,包括定制在线体验、保存用户未来访问特定网站的偏好等,同时网站将收集到的有价值信息进行分析,如访客流量、网站访问者的原始地区等。通过对用户的浏览轨迹进行跟踪与监测,基于用户的个人偏好采用各种方式进行精准广告投送。为了将广告定位到这些用户,第三方广告网络还尝试收集他们可以了解的有关网站访问者的所有信息,因为广告与用户的兴趣和品位越匹配,点击率就会越高,定位通常从浏览器、IP地址等中的相同类型的一般细节开始,但第三方广告也会尝试在浏览器上存储Cookie供今后参考,如果同一个浏览器访问由第三方提供服务的另一个网站,该浏览轨迹将被识别,在这个过程中,网络服务提供商或第

---

① See Jonathan P., Graham, *Privacy, Computers, and the Commercial Dissemination of Personal Information*, 65 Texas Law Review 1395-1440(1987).

三方不仅会知晓浏览器的技术细节,还会掌握用户的个人信息,目前多数大型网站都在跟踪用户的在线活动,记录网页浏览器搜索记录以定位广告内容与目标。

互联网的每个独立组成部分,如计算机、路由器、网络等都必须具有唯一的数字地址,需要一个唯一的标识符,以使一台连接的计算机或网络能够识别并向另一台连接的计算机或网络发送信息,负责定义这些数字协议的系统被称为 Internet 协议地址或"IP 地址"。当个人查看某个网站时必须请求"托管"网站将网站内容传递给请求者的计算机,收到请求后网站负责提供组成网站的图像和文本的文件,然后通过 Web 浏览器在请求者的计算机屏幕上重新组装该信息,整个过程只需几毫秒。在这个过程中如果没有与用户计算机同时存储的某些独立标识符,网站主计算机就无法识别用户之前访问过该网站,为了实现网站个性化以及购物车功能,在早期的浏览器软件中开发出了 Cookie 技术,当用户返回之前访问过的并在用户计算机上保留 Cookie 的网站时,远程计算机服务器会读取 Cookie 并识别用户,Cookie 允许企业将其网站进行个性化设计以符合用户的消费偏好。Cookie 是一种小型信息包,在用户浏览网络时由 Web 服务器存储在计算机上。关于 Cookie 的观点各不相同。支持者认为该技术可以加快网络浏览速度,Cookie 技术使互联网供应商能够在访问网站时记住用户的偏好,并允许供应商提供符合用户利益与需求的广告,在再次访问时推送有针对性的新广告;反对者则担心 Cookie 会导致个人信息风险,Cookie 技术帮助互联网实体跟踪用户浏览行为并会存储邮件地址、电话号码、个人账号信息等。[①] 目前网络平台对用户信息进行收集与监控的技术主要包括:

第一,Cookie 是由 Web 服务器发送于用户计算机并进行存储的小型数字序列代码,存储于用户的硬盘并将其信息传输到 Web 服务器,便于在下次登录该 Web 服务器时可以识别用户。随着信息技术的进步,企业发现它们可以使用 Cookie 来收集和汇总不同时间与不同网站用户的信息,并针对最有可能对特定产品感兴趣的人群进行广告定位,通过使用单一入口点、任何网站、电子邮件、文档或软件程序,将用户的计算机设置 Cookie,同时在其他网站上读取并

[①] See Greg Wurzer & Rhonda O'Neill, *The Spies that Came in from the Net: Reducing Their Prevalence on Our Computers*, 27 Canadian Law Libraries 205(2002).

与 Web 服务器进行交互,Cookie 可以由一个统一资源定位器(URL)或作为由第三方(如广告网络)放置的小文本文件存储在用户的计算机上,以允许在浏览多网站时跟踪互联网用户。Cookie 主要以三种方式收集信息:通过记录用户的查询请求、当用户填写空白字段时进行记录以及通过附属网站记录用户的点击流,互联网公司使用这些标识符,用于收集有关用户首选项的信息。实践中 Cookie 技术确实在网页浏览和电子商务活动中发挥着重要作用,通过被广泛使用并记忆用户偏好来使网站个性化,但人们仍普遍关注该技术在电子商务中的广泛使用以及对配置文件的使用缺乏透明度。Web 浏览器允许用户在接受 Cookie 之前设置拒绝或警告的选项,但实际上很少有用户了解如何进行设置,如果用户选择阻止 Cookie,一些网站将无法正确加载或可能会遇到一些不便,当返回特定网站时都必须再次输入个人详细信息。这种对用户网络活动的跟踪通常是在不通知用户的情况下发生的,由于用户看不到计算机与广告商服务器的交互,因此除非网站提供第三方存在的指示,否则用户几乎不可能知道该活动。[1]

第二,Web 错误是可以隐藏在网页上的透明图像中的一小段代码,用以监控用户的行为。它们的用途与 Cookie 类似,例如识别用户计算机的 IP 地址,查看 Web 错误的时间以及用于访问网站的浏览器类型,与 Cookie 不同的是,Web 无法在接受之前对用户选项进行初次设置,也不可能以与 Cookie 相同的方式删除 Web 错误,只能通过检查包含错误的网页的源代码来检测 Web 错误。

第三,间谍软件主要用于在用户不知情的情况下收集有关个人的信息,它既可以从网站下载,也可以通过电子邮件附件进行安装。Cookie 和 Web 错误可以被视为最通常意义上的间谍软件形式,也可以被描述为"广告支持软件",这是隐藏于网站所显示的广告中的软件,仅通过点击该广告就可以安装于用户计算机,该间谍软件会向广告公司的服务器发送有关用户上网习惯的信息,用户无法控制正在收集的信息,甚至无法知道正在收集任何信息。Cookie、Web 错误和间谍软件都被商业网站广泛使用并对其有效运作至关重要,但毫无疑问

---

[1] See Matthew C. Keck, *Cookies, the Constitution, and the Common Law: A Framework for the Right of Privacy on the Internet*, 13 Albany Law Journal of Science & Technology 83 – 122(2002).

的是,电子商务领域的商业利益与个人信息之间存在冲突,但追踪与收集技术能够帮助存储用户偏好或记住用户密码,这些用途都在增强用户的网站体验,因此通常被认为对电子商务的持续增长至关重要,而立法框架面临的挑战是需要确保不同利益之间的平衡。①

第四,用户在互联网上的活动也可以通过"浏览器指纹识别"进行跟踪,通过如浏览器的版本号、插件、操作系统和语言等网站可以对用户进行识别。浏览器相较于Cookie可以更准确地跟踪用户,也让人更难对其进行检测和控制。此外,移动设备不仅可以通过浏览器上的活动进行跟踪,还可以通过下载的应用程序进行跟踪,可以将设备的唯一标识符传输给第三方以显示其活动、用户名、电话与物理位置等。

二、对位置信息的监测与收集

在当今的技术环境中,海量的数据收集目标可能会超出主体最初授权同意的范围,而不断改进的技术手段也在助力企业进行数据挖掘,这些都会导致信息主体无法预测的结果。互联网技术创造了一个强大的信息交换和流动的虚拟世界,对上传到互联网公共可访问区域的所有信息都保留了原始信息所有者的控制权。移动电子设备改变了隐私权的观念,当相机在智能手机或平板电脑中普及时,它们可以很容易地用于秘密拍摄高分辨率的照片,使用手机的GPS功能可以跟踪个人的地理位置等,开发隐私保护标准以增强个人对数据的控制并确保所有方面的保密性和机密性,同时也失去这些进步技术的优势,技术进步已成为不可阻挡的力量,应及时提出可行解决方案以协调个人信息和支持技术创新之间利益的平衡。

数字信息技术与电子移动设备的广泛使用为用户带来了显著的便利,企业渴望利用技术的进步获取包括购物行为与偏好在内的信息,并且不断增加技术研究与开发投入的资金。新技术使企业能够开展更加广泛和深入的信息收集,但缺点是会将用户数据暴露于未知和无限制的用途。企业现在可以通过移动设备获取用户的地理位置数据,并根据观察到的位置分析用户的移动模式,以

---

① See Ian King, *On-Line Privacy in Europe – New Regulation for Cookies*, 12 Information & Communications Technology Law 225(2003).

产生针对具体个体的行为广告。以这种方式使用和分析数据并不是网络世界所独有的，有许多实体商店正准备推出一种新的高科技智能货架，该设备能够收集有关消费者购物习惯的信息，并通过传感器检测购物者面部特征以提供实时购买建议。

隐私安全是智能手机、应用程序以及全球移动设备使用过程中的核心关键问题，尤其是用户位置信息受到密切关注，同时其他私人信息可以从位置相关信息中获得，企业收集用户历史与动态的位置信息用于商业或其他目的，越来越多的智能手机和其他移动设备用户在意识到他们的个人数据因安装了某些应用程序而被泄露后，倾向于选择不安装或者卸载移动应用程序。此外，在许多情况下移动操作系统（OS）由于系统的限制，可能在不启用某些数据收集选项的情况下就无法利用设备硬件的全部功能。智能手机用户的信息安全可以在多种情况下被侵犯，如通过跟踪网络习惯、监控联系人列表、跟踪位置、在用户不知情的情况下检查文件，以及收集技术信息（包括 IP 地址和其他交易信息）。事实上，许多利益相关者包括移动设备制造商、在线平台提供商以及操作系统和应用程序商店、位置服务提供商、移动应用程序开发商、互联网服务提供商（ISP）、广告商都可以充分通过使用相关技术收集和处理用户位置信息。位置数据可能只是个人其他多种数据类型中的某一种，随着时间的推移经过重新组合的数据碎片可能会形成新的个人数据，泄露敏感信息和个人位置数据的非法或不道德的收集会诱发身份盗窃行为，无论用户是否意识到，都会对其信息安全造成各种威胁。当在线平台和移动操作系统、应用程序开发商或发布商倾向于处理用户的位置数据时，他们必须遵守相关法律要求。

通过收集位置数据，应用程序开发人员或其他参与者能够推断出除了位置之外的诸多类型个人信息，因为许多受隐私保护的地点或事件会与其位置信息进行关联，因而收集到的显示经常访问某个地点或倾向于特定事件的数据促成了个人完整数据形象的描绘。为了在不同的法律框架下区分位置数据的作用，"位置数据"通常包括以隐含或明确方式提及地理位置或空间位置的任何信息，位置数据是构成众多类型的个人数据之一，但位置数据可用于产生极其广泛的个人相关信息，也可能在特定条件与环境下转换为敏感数据。大多数跟踪系统在其功能中使用公共通信网络，并且可以通过依赖于公共通信网络的个人设备直接瞄准或跟踪个人。在智能手机上执行的如下载应用程序或使用基于

Web 的服务等诸多活动都需要注册用户的姓名、电子邮件地址、财务信息等,如果这些数据与位置数据相结合,那么位置数据也很容易成为可识别身份信息的个人数据。另外,每个智能手机都有一个或多个唯一标识符可用于开发定位服务,用户的个人位置数据往往在他们不知情的情况下被公开。①

当前,更多的新技术投入使用可能会引发不同的信息风险,企业会从在线活动中收集更详细和广泛的个人偏好和兴趣,例如互联网搜索术语和访问过网站的历史;同时,更加经济实用的数据存储媒体和更快的信息聚合与传输设备为企业使用个人数据提供了更为便捷的工具,尤其当在线通信存储于公共网络服务器或云端时,企业可以从不同来源汇总信息并将其与具体个人进行链接。与离线信息流相比,在线信息活动的特征包括:(1)信息的处理和传播速度更快、数量更多;(2)在线发布的消息具有持久性,消息可以通过数字拷贝进行复制、存档,存储可以是永久性的;(3)第三方可以通过互联网快速且有效地用关键字搜索公共数据库。

面对前所未有的技术革命浪潮,数字和互联网技术的巨大力量并没有留给人们被动等待和观望的时间,个人信息保护法律制度的缺位会使个人受到新兴技术的隐性攻击。只有正确认识到新信息技术时代的隐私威胁,我们才能更好地评估现有法律是否足以规范所确定的个人信息威胁,并针对新技术引起的问题制定新的方法。

三、个人网络踪迹信息权益的特殊属性

个人网络踪迹等相关信息具备特定身份可识别性特征,是通过 Cookie 技术收集到的并与特定用户具有关联性的信息,通过识别并记录如浏览记录、上网踪迹等掌握用户的消费偏好与习惯。在数据信息技术飞速发展时代,Cookie 技术早已成为电子商务企业挖掘用户各项浏览与交易数据所普遍使用的工具,开启了以新技术为依托的个性化精准营销的创新商业模式。针对多数电子商务服务来说,其目标用户浏览商品与服务时并不需要付费,而相关网络服务提

---

① See Shakila Bu-Pasha, Anette Alen-Savikko, Robert Guinness & Paivi Korpisaari, *EU Law Perspectives on Location Data Privacy in Smartphones and Informed Consent for Transparency*, 2 European Data Protection Law Review 312(2016).

供商主要依靠提供广告推广实现其营利目标,从用户处收集到的数字足迹信息越详尽、准确,信息用于推广商业广告的价值就越大。① 对于电子商务企业而言,个人网络踪迹是蕴含着巨大商机的信息富矿,通过对用户数据信息进行挖掘与分析,发现潜在市场和新的财富增长点。电子商务用户的海量网络踪迹信息不仅有商业价值,同时还蕴含着财产利益,然而这类信息的财产权益具有不同于一般财产的独特属性。

第一,用户个人并不是生成网络踪迹信息的主体,也不能据此享有其个人网络踪迹信息的所有权。数据集合体所体现的价值建立在单个数据的汇聚基础之上,但通过对个人数据信息进行分析整合而形成的综合数据库,其总体价值远超出单个数据所提供的价值。② 网络用户对基于 Cookie 技术而产生的浏览轨迹信息以及相关控制权与排他性权利并没有直接的法律依据,服务商针对这类信息的收集与整合投入了资金、技术成本和劳动,应当享有某种程度的对这类信息的使用权。

第二,在电子商务活动中,并不是所有与个人踪迹信息相关的行为都能够产生经济效益。首先,网络服务商与电子商务企业收集个人踪迹信息,如果只是单纯收集并没有更多的利用,则不应当认定会产生直接经济效益。如美国《电子通信隐私法案》(Electronic Communication Privacy Act)就对读取个人信息侵权行为进行了规定:行为人如果在未经他人授权时故意读取他人提供的电子服务设备中的数据,或以此获得系统中存储的电子通信信息,则该行为人应当受到惩罚;该行为经过网络用户授权的除外。③ 其次,企业公开个人网络活动踪迹信息的行为一般不会导致主体直接财产权益的损失,但用户可能会因公开行为出现精神损害以及生活困扰等。如果公开信息的行为与商业使用活动相联系则应当归入第三类。

第三,企业将个人网络踪迹信息进行商业使用,包括提供和分享给第三方以开展精准营销活动,这在创新商业模式中产生的商业利益不言而喻。从推进

---

① 参见张晓阳:《基于 Cookie 的精准广告投放技术及其法律边界刍议 以朱烨诉百度公司隐私权纠纷为视角》,载《电子知识产权》2015 年第 9 期。

② 参见张民安主编:《信息性隐私权研究——信息性隐私权的产生、发展、适用范围和争议》,中山大学出版社 2014 年版,第 130 – 132 页。

③ See Chhibber A. , *Security Analysis of Cloud Computing*, 2 International Journal of Advanced Research in Engineering and Applied Sciences 51(2013).

互联网产业发展与电子商务活力的角度分析,企业针对信息的开发与整合应当归于正当的商业活动,这也是数字经济时代对民事法律权利平衡的重要需求。对于信息的正常商业化使用,不能简单归于对信息主体财产权的侵犯,并不是每一种追踪用户个人信息相关的行为都能够产生经济效益,或存在侵犯信息主体财产权导致财产损失的可能,因而,对个人网络踪迹信息的收集、处理和使用及相关行为是否涉及财产利益应当区分对待,针对不同类型的个人踪迹信息可以采取不同保护方式,将涉及的信息区分为与人格尊严有关与无关信息、敏感与非敏感信息,以便有效平衡信息自由流动与主体民事权益保护间的关系。

第三节 云计算服务中的个人信息风险

一、个人信息云平台的储存与处理

随着云计算技术的完善与成熟,电子商务平台也面临从端转云的大趋势发展需求,云计算推动下的交易模式更新,已成为电子商务平台的重要技术支撑。电子商务平台的云端化发展已成为不可逆趋势,云端化能够帮助企业解放更多资源并降低电商平台的加入门槛,帮助更多中小型企业加入电子商务平台,同时大数据技术的发展使电子商务云平台能够有效调动庞大的数据量,从海量数据中分析和提取出精准且具有商业价值的数据信息。云计算的虚拟化功能可以为电子商务企业提供更为先进的服务器设施与扩充的存储容量、对海量数据能够进行高效和准确的处理,同时凭借数据化的支持、预测性的服务、精准化的参考等为企业与用户提供个性化云平台与服务,云计算服务也在很大程度上降低了企业与用户间的信息不对称,电子商务企业通过多元化渠道获取用户的信息,分散孤立的用户也可通过云平台分享资源掌握企业、产品与服务的更多内容,云计算的普遍使用推动了电子商务的多样化与个性化。

"云"术语来自对互联网结构分布图的传统表示。随着互联网技术的发展,人们意识到可以将组织内部的计算机资源转移到互联网。云通常详细描述了组织内部的服务器、客户端PC和路由器。云存储服务允许用户将数据和应用程序存储在其他人拥有的远程服务器上,这些远程服务器以电子方式存储信息并且可以随时使用任何位置的任何电子设备授予的对上载信息的访问权限。用户在注册云存储提供商的账户时，通常须同意不可协商的服务条款，服务条款通常包含有关提供商访问和使用信息的条款以及用户可以和不可以使用服务的方式。① 不同类型的存储提供商会提供不同的服务，多数服务商允许用户创建账户并将文件上传到云进行永久存储，许多服务商还提供协作工具，允许用户共享或编辑服务器中的文件。因担心丢失纸质格式文件数据或笔记本电脑或硬盘，以及存储于云空间可以节省成本并提高效率，越来越多的用户在基于云的服务上保存他们的个人数据和信息。云用户不必投资信息技术基础设施，只需购买硬件或购买软件许可证，具有前期成本低、投资回报快、部署快速、定制使用灵活、互联网规模小等优点，还能够有效利用基于网络的创新解决方案，近年来基于云技术的服务保持快速的增长，并且越来越多的用户选择将他们的个人数据和信息保存在云平台上。

　　互联网的发展为人们提供了存储信息的新选择，云存储这种数据存储方法使客户端通过网络发送数据存储于一个或多个数据服务器上，这些服务器由提供数据存储服务的公司（云存储提供商）拥有和运营，通常提供商以允许他们访问用户信息来进行维护并确保用符合其服务条款的方式存储信息，这种访问通过对数据的自动扫描进行，并且不涉及人们亲自访问数据。过去企业通常会使用离散的本地化数据收集处理流程，而在云计算时代，全球数据传输的频率、复杂性和数量都在大规模增长，我们已经从个人数据的国际传输时代进入国际个人数据处理时代。在许多情况下，对数据的处理发生在云储存环境，这种分布式计算环境使全球范围内进行数据处理决策时具有很大的灵活性，资源可以在全球范围内访问，个人信息的处理越来越多地通过这种分布式资源进行，企业可以通过云储存进行密集的国际数据处理。传统的数据传输方式是进行单向传输，企业还需要提前完成数据处理计划，而网络化的数据流程可以决定信息处理的决策，通过分析、组织将数据信息转化为可操作的知识，云可以通过多种方式促进数据分析的使用，包括通过组织使用允许全球访问其通用知识管理

---

　　① See Kristina Irion, *Your Digital Home Is No Longer Your Castle How Cloud Computing Transforms the (Legal) Relationship between Individuals and Their Personal Records*, 23 International Journal of Law and Information Technology 348 (2015).

应用程序等。

云服务正在成为现代信息和通信系统中无可争议的部分,是数字时代最有用的创新之一,对于机构和企业来说尤为重要。从简化的数据存储到创新的软件平台,企业级云解决方案为购买昂贵的计算机硬件和软件提供了经济高效的替代方案,同时云计算使企业能够最大限度地提高员工的工作效率。随着数字照片、音乐和其他文件存储量的增加,云提供商可以帮助用户避免在计算机硬盘驱动器出现不可避免的故障时丢失个人数据,同时云计算所提供的传输功能使用户能够在计算机、智能手机和其他移动设备之间无缝传输数据,云存储提供商拥有着大量的信息。这些信息范围涵盖个人电子邮件、通信记录以及商业文件等,这些信息中的大部分可能会被视为隐私信息,但法律可能无法识别该信息的隐秘程度。随着越来越多的信息进入云端,关于数据隐私的问题变得越发普遍和重要。云计算服务的普遍使用,为信息时代发展增加了更多动力与技术力量,通过各种云端与平台,用户能够获得更多信息,同时还能够以更加自由的方式评价信息、传播信息、生产信息,在极大地提高信息资源价值同时,也减少了收集、使用、传播信息的成本,为人们提供了极大的信息自由。

二、云计算中信息风险起因分析

"云计算"服务模式是由服务提供商通过云计算技术组建出大型的数据中心,为政府行政机构、事业单位、各类企业、科研机构、个人用户等提供云平台,以进行信息交换、硬件设计、数据存储、软件测试等。对于用户而言,在使用相关云平台服务时,就是将自己的数据信息交给服务提供商保管,这些数据信息的安全性难以保障,这种模式使用户信息面临着极大的风险。云计算通过互联网交换海量数据并传递信息,其系统是由软硬件组合而成的大型信息系统,信息的传输主要依靠数据线路、信息转换、识别等系统来进行传播、获取和还原,支撑硬件若存在技术缺陷,易导致信息的中断甚至泄露并影响云技术的发展。目前云计算服务行业中统一的技术标准还有待完善,安全标准的统一性以及技术的兼容性是影响云计算服务中个人信息安全的重要因素。目前有50多个标准组织宣布正在进行云计算开放标准的制定,但仍然缺乏大型云服务提供商的参与,围绕云计算的开放标准的进展较为缓慢,相关安全性标准仍然有待细化与强化。

目前,多数云计算服务器不加密地上传信息,用户主要以加密方式阻止提供商访问其服务器上存储的内容。通常云存储提供商由于担心网络的安全性、稳定性和基于加强控制需要而保留对用户数据的访问权,存储服务采用不同类型的自动扫描和人工扫描,如通过自动扫描来检测恶意软件和非法内容,确保服务可以正确传输数据。此外,某些服务使用自动扫描用户内容来向用户提供有针对性的信息。重要的是,根据提供商的服务条款对用户信息的不同类型的访问和使用对用户的信息安全产生极大的影响。① 云计算服务也引发了许多安全和隐私问题,主要的研究挑战是用户的信息安全与私有密码认证,诸如用户的财务信息、健康记录等敏感信息的保护,现有的加密工具有匿名身份验证方案、组签名、零知识协议等,可以帮助隐藏用户身份并提供身份验证。但总体而言,加密工具和方案仍然需要改进和提升,云服务提供商需要控制身份验证过程,从而保证只允许有效客户端访问其服务端。

基于云计算的风险,个人数据信息可能会存储于不同的位置或被共享,而某些个人信息可能会在没有适当同意前提下被不正当地披露或使用。云的服务建立于显著的可扩展性和较低的成本之上,因此云供应商通常基于标准术语提供服务,这些条款可能无法满足许多商业用户的最低安全要求,数据可能存储于用户未知或不熟悉的位置,或故意违反安全规定并存在安全风险。企业应当对基于云服务的信息安全进行充分考虑和了解,并采取合理措施确认云服务提供商对该个人信息的控制、限制使用和披露,这将有助于用户作出更明智的决策并基于云服务的优势获取便捷服务。② 尽管云存储提供商可以为设备提供自动扫描服务,但根据提供商的服务条款,提供商对云存储的任何深入访问都会影响用户对隐私的合理期待。

用户要享受云服务必须认可提供商拟定的条款,这些条款授予了提供者完全访问和使用用户信息的权利,这会导致用户信息安全的风险,如用户同意对其账户进行人工搜索以调查可能违反服务条款的行为,但此类简单协议并不能够完全满足用户对信息安全的需求。由于服务条款可能会严重影响用户的信息安全,因此云存储提供商应当在其服务条款中规定供应商访问标准和范围来

---

① See Eric Johnson, *Lost in the Cloud: Cloud Storage, Privacy, and Suggestions for Protecting Users*, 69 Stanford Law Review 867(2017).

② See Haghighat M., Zonouz S., Abdel-Mottaleb M., *Cloud ID: Trustworthy Cloud-Based and Cross-Enterprise Biometric Identification*, 42 Expert Systems with Applications 7905(2015).

保护用户信息,并应在访问时向用户发出影响用户隐私的通知,这可能会使提供商承担更大的责任,因为这意味着要对用户作出额外的承诺,同时还需要对在市场中可能获得的竞争优势与风险进行平衡。用户在决定使用哪种云存储服务时应该考虑其信息安全,选择一种透明度较高并能限制服务提供商访问和使用用户信息的服务,云储存代表了个人信息处理的重要转变,它推动了国际数据传输并改变了数据的流转储存方式,允许公司根据需要购买硬件与软件,这些变化都给现有的法律框架带来了挑战。[1]

三、云计算面临的信息安全挑战

云计算技术壁垒与管理不善都会导致不同程度的个人信息安全风险,技术风险会引起个人信息泄露、破坏或丢失,但并不会绝对导致用户的直接损失,而云平台的管理风险则往往基于恶意的商业目的,并会造成对用户人格权利的侵害以及用户财产权利的损失。在云计算产业蓬勃发展背景下,基于潜在市场与巨大利益的驱使,服务商会尽可能地去收集用户的各类个人信息。云计算商业模式主要是由服务商通过数据挖掘技术收集海量信息,用户可通过云平台储存、交换信息,享受个性服务等,平台拥有的信息量直接决定了其提供的服务功能与具备的商业价值。数据挖掘、比对等技术的出现使服务商具备了强大的整理、分析、归纳等能力,可以将用户在多个平台和不同服务中的碎片化个人信息收集比对后形成相对完整的个人信息图谱,并基于这些信息为用户提供更为优质的营销与个性化服务,但这些信息往往处于事实上的权利失控状态并存在巨大的风险。

用户在使用云服务时,并不知悉其包含隐私与敏感信息在内的各类数据已被云服务商获取,虽然服务商已通过不同方式履行了告知义务,但是其隐私声明往往过于繁杂、难以理解,甚至用户不同意声明内容就无法获取相关服务。随着信息技术的进步,云平台服务商在信息的收集挖掘方面无论是广度还是深度都在不断加强,所收集的信息数量与种类、更新的速度与频率、使用的范围以及对数据的分析整合能力早就超出了用户知晓范围。多数时候云平台服务商

---

[1] See Paul M. Schwartz, *Information Privacy in the Cloud*, 161 University of Pennsylvania Law Review 1623(2013).

在擅自备份用户信息或者秘密收集隐私信息时,即使用户知晓其信息被收集,也往往会为了享有平台提供的便利服务而选择放弃个人信息权。另外,不同云平台之间会签订信息共享协议以期实现对信息的充分使用并达到商业利益最大化目标,尤其在目前云技术跨越国界的使用下,对信息的跨境传输与使用更加缺乏管控。

云计算技术的发展有助于推进信息产业与软件的更新与进步,全球范围内云计算早已成为数字经济发展的核心基础力量,产业形态已逐步成熟,稳健的发展态势初步形成;与此同时,云计算平台与服务还存在诸如监管环节缺失以及企业规范力度不足等问题。一方面,围绕个人信息处理的合法边界认定关乎执法权与司法权的行使,目前信息化管理部门还无法行使调查取证、搜查冻结、罚款没收等强制措施,围绕个人信息安全的执法力量还有待加强;另一方面,企业信息安全保障动力不足,云计算服务商在大量收集用户信息的同时并未投入足够的资源与技术设计信息安全措施,对于那些具有潜在经济价值的个人信息的使用分析与风险防控较为关注,而对于那些并不能产生直接经济效益的相关零散却较为敏感的信息缺乏足够重视,同时云计算平台缺乏对内部控制的建设,违规收集使用个人信息的现象层出不穷,内部负责人员拥有获取个人敏感信息的权限以及平台的完全控制权。相较于云计算产业的迅猛发展,行业标准与规制手段的设计与完善则相对滞后,这些都会在不同程度上使个人信息处于高风险与无序状态。目前,云计算相关安全标准还有待完善与细化,只有基于统一的云安全技术标准才能对服务商予以约束并督促其设计安全技术措施,缺乏系统标准的约束,云服务商会在系统中擅自植入收集信息软件。云计算产业需要一套与个人信息安全相关的标准与规则,明确信息管理人员、处理人员、系统开发与操作人员的操作规程以及职责范围。

第四节 预测分析与电子商务

一、基于算法的预测分析

(一)算法、用户划分与价格歧视

新兴信息技术下数据存储介质较为普及和便捷,任何在线活动即使只发生过一次都可以被永久记录并且不会被遗忘。更加广泛的网络访问意味着个人信息不仅保存于存储介质中,还会广泛保存于互联网云平台中,信息主体无法对自己的数据进行全面适当的控制;同时,用以收集信息的工具也在不断更新与升级,当这些工具与先进的统计和分析方法相结合时,企业就会拥有更多的技术与能力来系统地收集和分析大量数据,从而更加准确地预测在线行为。

算法是用于处理数据的详细指示与步骤,通过筛选信息并寻找数据间的关系,生成类别并帮助分析。具体算法的步骤由动机、价值判断、思维观念及预期等因素所决定。从对数据库内容的分析过滤到搜索引擎的结果排序,都存在着各种算法,通过为每个变量配置不同的影响因子,最终形成具体预测行为的决定。数据信息的处理与分析活动可以充分发挥信息价值,为企业带来效率与利润的同时还能够惠及消费者,但这个过程也会引发不同程度的歧视与差别对待。在保持对数据访问路径拓展的前提下,可以通过各种形式的内部评级机制对消费者个体进行评分,包括消费者购买力、社交网站上影响力等在内的任何事务都可以通过数字产品进行数字量化。基于市场目的产生的这些评分与量化标准同时也能在多领域发挥作用,然而评分体系所采纳的数字信息和算法整体被商业机构控制并缺乏透明度,个人无法获得被直接采集或经过分析后得到的各类信息。[1]

预测分析是基于过去的行为模式预测未来行为。首先,预测分析通常会分析大量数据而不是基于绘制样本。传统的统计分析依赖于复杂的技术绘制代表性样本并从这些样本中推断出群体特征。随着过去几十年的数据爆炸式增长,研究人员可以通过使用预测分析来观察数据并找到有助于预测未来行为的模式。[2] 其次,预测分析比传统的统计方法更少关注因果关系,通过使用预测分析来研究大型数据集,分析人员可以基于数据中的相关性来预测未来的行为。分析的信息既包括商业行为也包括非商业行为,以及商家认为对其有意义的特定特征,主要是指那些对有关消费者兴趣偏好或特征的问题的调查,以及

---

[1] Dixon P. & Gellman R., *The Scoring of America: How Secret Consumer Scores Threaten Your Privacy and Your Future*, http://www.worldprivacyforum.org/wp-content/uploads/2014/04/WPF_Scoring_of_America_April2014_fs.pdf., accessed 27 June 2019.

[2] Wiant S., *Technological Determinism is Dead: Long Live Technological Determinism*, The MIT Press, 2008, p.165.

关于消费者过去行为的诸多数据,这种行为分析比自我报告更准确地反映了消费者的态度和偏好。①

预测分析在电子商务中有诸多用途,但具体可以分为基于算法的价格歧视、客户细分、特定金融和保险产品的确定等。在电子商务中开展交易活动通常需要提供大量的个人信息,企业通过持有这些信息进行分析以实现其二次价值,有助于提高业务交易效率并提升企业综合竞争力。用户通常对其信息展开的处理、分享以及可能的用途范围一无所知,导致用户对侵犯其隐私的行为作出无意识的同意。电子商务活动中预测行为的一个表现就是价格歧视,企业差别定价会导致更多个人信息安全无法得到有效保障,同时也面临公众的反对与质疑。②

(二)客户细分与资格确定

客户细分是指企业将具有购买历史或偏好类似特征的人员或组织进行分组,这可以帮助他们更好地了解客户,改善商家的营销和经营活动。第一,预测分析技术增强了精细化程度以揭示更为细致的内容,相比较传统方法,企业可以有效识别竞争对手挖掘客户的风险。例如,移动电话运营商可以使用预测分析来识别最有可能初期更换运营商的客户,确定哪些资源可以花费时间保留、哪些报价最有可能说服有价值的客户留下来。第二,预测分析可用于确定向每个客户提供的服务级别,如商家的客服中心可以以将高价值客户连接到最佳客户服务代理,同时将低价值客户外包给第三方客服中心。第三,企业可以使用个性化技术来决定哪些信用卡用户是其网站的首次访问者,并推出针对新客户的促销活动,确定向每位新客户销售的设备和服务包,通过预测模型,能够确定并分割每个潜在用户的风险,以最终得分和等级排序为每个用户提供适当的服务和设备。

预测分析还可以帮助商家决定是否与某些用户开展业务,电子商务中数据的激增使商家能够在许多情况下创建并参考用户信用等级,为了避免有可能存在的欺诈或违约风险可以选择交易的用户并对潜在的信用风险进行评估与认

---

① Lior Jacob Strahilevitz, *Toward a Positive Theory of Privacy Law*, 126 Harvard Law Review 2010 (2013).

② Anita L. Allen., *Privacy Law: Positive Theory and Normative Practice*, 126 Harvard Law Review Forum 241 (2013).

定。风险评估可能包括传统的信用评分,包括用户在相关业务中已被证明的可能风险,高于特定风险阈值的用户将被排除在营销推广范围之外,相反如果用户具有较高的潜在价值则企业可能会针对其进行重点营销。① 企业不需要向某一类用户收取统一价格,而是可以根据用户历史消费记录与习惯定制价格,随着企业掌握的个人信息不断增加,以及新技术的不断涌现和各种分析工具的推出,企业将会更加了解其用户需求与产品定位,并能够在任何特定时刻以较高的准确率去预测用户愿意为特定产品支付的最高价格。

电子商务平台基于对信息的分析和控制广泛使用算法,使商业领域中的公平交易关系受损,而相关的消费者保护制度与民商事合同无法提供足够保护。算法通过掌握的数据优势改变了经济生活中的价格平等规则,根据用户个体数据为其量身定制符合支付意愿的价格,使建立在追逐利润目标上的歧视行为成为常态,用户的自主选择权和知情权也失去了效用,加剧了用户的弱势地位,信息不对称情况更加突出。

二、预测分析引发的信息风险

(一)数据分析与使用缺乏正当程序保障

预测分析会以多种方式损害个人对信息的自主权,损害源于预测算法的性质以及电子商务经营状态,预测算法可能使潜在的社会歧视制度化。在电子商务活动中,预测分析可以帮助确定用户支付的价格、商家提供的服务水平,甚至于能够确定用户是否有购买或享受部分产品或服务的资格。然而,对于多数用户来说,并不知晓实现商业利益的预测模型的存在,即使知道预测分析方法的使用,商家也不会随意透露该模型的具体使用环节与方式,因而用户也无法对其进行逆向选择。海量的数据分析可能会创造一种不透明的决策环境,使个人自主权在一套难以理解的算法中丢失。② 这些隐秘的预测分析方式降低了用户对其信息使用的自主判断与控制,预测模型会根据主体正在进行中的行为进行分析预测,甚至于会依据其他消费者的行为数据预测个体的行为预测模型对

---

① Daniel J. Solove, *Conceptualizing Privacy*, 90 California Law Review 1087(2002).
② Solberg L. B., *Regulating Human Subjects Research in the Information Age:Data Mining on Social Network Sites*, 39 Northern Kentucky Law Review 327(2012).

于一部分用户来说并不能达到良好的效果,商家也并不需要它们完美适用于每个人,只是需要依据预测技术发现更好的定价、营销和资格确定方案。因此,预测模型可以帮助商家实现其优化利润的目标,但不可避免地会对个人信息进行错误的分类,而导致有些用户面临支付更高的价格和更少的选择,这种预测算法会导致用户正常的自主选择权受到侵害。

随着技术支持下的预测分析在深度与广度上不断延伸与扩展,企业预测分析可能导致的一系列危害也在不断凸显,涉及的主要问题是数据安全性不足、数据使用不当等风险。在预测分析商业应用中最常见的问题主要有:首先,个人信息被不恰当地访问或向第三方披露。企业在共享个人信息时未能采取足够的保护措施。其次,企业在多大程度上以违反合同或法定限制的方式使用个人信息。每次数据从一个企业交换到另一个企业,重新格式化并进行分析或者与其他数据结合使用时,有可能会将关键信息与用户身份识别信息相关联。最后,预测分析查询的动态性质使基于同意的使用限制更加复杂,同一组查询编译的数据通常会在以后用于完全不同的目的,当数据被收集时,所有个人识别信息都被去身份化,但当与其他数据集结合或进行某些测试时,可能会失去匿名化特质,事实上,很多学者对于数字收集的信息是否可以永远保持匿名化保持怀疑。[1]

在自由市场环境下,价格是调节资源配置的杠杆,也是企业抢占市场份额的基础,消费者无法获得有关最佳价格的相关信息,他们必须努力寻找最佳交易并且会不可避免地产生相应成本,价格的区别意味着卖家有动力采用价格歧视策略以期从高收入用户那里获取利益,为了实现这一目标商家必须满足这样一些条件:卖方必须至少拥有一小部分市场力量以确定其价格幅度;必须对产品的销售和防止消费者套利的能力有一定的控制权,卖方必须根据货物或服务需求的不同价格弹性对消费者进行区分。

(二)预测分析导致的歧视风险

现有的数据分析操作会作出广泛的预测性假设,并根据个人的选择和具体活动形成固定印象,而且会通过创建一个根据具体个人信息区别对待的环境进而导致区别对待,对于弱势群体的用户而言,这可能会导致不公平与歧视的增

---

[1] Max N. Helveston, *Consumer Protection in the Age of Big Data*, 93 Washington University Law Review 859(2016).

加并侵害其权益。除直接歧视引导下的有针对性的广告和营销之外,对数据分析操作的结果也可能引起其他间接危害并且会对个人行为产生微妙的间接影响,当用户的行为不断变化并形成新的习惯时,企业利用基于数据分析的广告和营销活动来影响拥有高度敏感点的特定个体,这些活动的潜在作用会影响个人的购买决策。

基于数学理论的算法本身并没有偏见,但依据预测模型作出的实际预测与判断会导致特定的偏见结果。首先在预测过程中必须确定目标变量,这会带来有意或无意的歧视风险,依据哪种基础数据会影响预测的结果,如果数据部分来自具有歧视的记录,那么现有的歧视性影响将被纳入预测模型。由于预测模型往往针对用户进行隐秘运作,这使交易过程中的歧视模式几乎无法被察觉,每个用户只能看到商家向他们提供的优惠,通过使用分析预测后的数据使商家只向那些有较高潜在商业价值的用户进行营销,通过利用预测分析工具及其离线用户档案信息的数据库推测出理想的受众,建立程式化的模型来复制信息,由预测分析引起的隐私危害主要分为三类:(1)失去对使用信息的控制;(2)基于秘密分析预测模式追求商业利益,损害主体的人格与财产权益;(3)出于商业利益目标的歧视性分配。预测分析为商家和消费者提供了便利,但会导致用户个人信息处于危险当中,平衡这些利益和危害需要关注损害的性质和程度,以及监管干预可能引发的扼杀创新风险。对于涉及歧视特定群体的危害,应该针对预测分析可能产生的歧视性影响进行立法予以干预。[①]

我国《电子商务法》第18、39、40条涉及对算法相关行为的规范,并对企业运用算法开展的商业活动进行规制。算法作为电子商务的重要决策辅助系统,也承担着网络空间日常治理的角色。围绕用户核心服务的主要有个性化推荐算法、信息的搜索算法与定价算法等,《电子商务法》对经营者在部署算法应用中的法律责任进行了规定。《电子商务法》第18条在对提供个性化与差异化服务获取利润予以肯定的前提下,要求经营者不得使用个性化推荐损害消费者合法权益;在承认了电子商务经营者使用个性化推荐算法合法性的同时,也要求其提供一般搜索结果,以纠正经营者与用户间的信息不对称现状。

---

① Shaun B. Spencer, *Privacy and Predictive Analytics in E-Commerce*, 49 New England Law Review 629(2015).

第三章　个人信息保护的理论基础

第一节　人格权理论对个人信息
　　　　　保护的探索

一、人格权理论与个人信息保护

（一）一般人格权理论基础

人类具有丰富的意识与情感，在满足了物质需求之后还有追求精神世界安宁的需求，人们在对财产进行持有与流转后开始关注内心的精神需求和感受，人格权理论在这种背景下深入发展以应对这一趋势的变化。"传统的人格利益不仅表现在作为生物体的特定个体上，还充分表现于那些与人身分离的个人信息之上。"[1]种类多样的个人信息蕴含着不同的人格利益，因而具有人格属性，信息主体的生物信息是帮助主体实现自我认同的重要桥梁，作为社会交往媒介与符号，其具有多样化特征，还具有识别特定主体的功能，这些都能够体现出信息主体的人格尊严。在互联网时代与信息化社会中，主体的信息化外观是由多样化的信息与数据组成的，这也成为人与人之间沟通与交往的重要代号，而具有识别特性的个人信息在某种程度上都依附于自然人的法律人格，当未经过信息主体的允许而擅自使用、保存或披露其相

---

[1] 李晓辉：《信息权利研究》，知识产权出版社2006年版，第117页。

关信息,主体的人格尊严就会受到侵害。人格权理论的发展是一个认知、关注并尊重人格的过程,也是人格权保护范围保持扩展的过程,因而,利用人格权理论保护个人信息是对个人信息保护的重要理论探索。

在信息技术快速发展的时代,个人信息也展现出了更加丰富的财产权益内涵,无论是实现信息主体的人格利益还是保障其财产利益,主要目标都是维护主体的人格尊严与自由。人格权思想在不同的社会阶段不尽相同,随着工业革命后功利主义思潮的推进,人们不仅对精神层面有更高的需求,更加提倡个人的自由发展以及以人为中心的价值判断,还同时将财产领域的赔偿制度引入人格权领域。在法典化时期确立了人格权保护范围以及精神损害赔偿制度,这一阶段的人格权理论在吸收并扩充人格权保护方式的同时也为当代人格权打下了良好的理论基础。从20世纪末开始的信息化社会转型和网络时代的到来引起了经济变革和商事规则的变化,也引起了社会生活方式与思想观念的巨大变化。网络空间的独特运行方式和先进的信息技术手段改变着社会生产生活的方方面面,人们之间的交往模式开始向数字化方式转换,传统的人格被演绎为信息人格,面对颠覆性的社会变革,人格权理论也需要跟随时代发展轨迹积极应对。

一般人格权是在具体人格权利之外对与人格保护相关法益的统称,具体人格权利与人格法益区别主要在于:首先,具体人格权利往往具备了排他性、专属性和公开性的特征,人格法益通常并不具备上述特征;[①]其次,人格权利通常都具有明确的形式或载体,而人格法益的形式则不确定;最后,人格权利为自然人享有并具有普遍性,对于承载了任何个人和事务的精神寄予都可以被称为人格法益。这些区别决定了实践中对于人格法益的保护往往基于对个案的衡量。

德国学者卡尔·拉伦茨(Karl Larenz)认为:"一般人格权主要包括受到尊重的权利、不受侵犯的权利、包括书面和口头言论在内的直接言论,以及排除他人干涉其隐私的权利。"[②]支持一般人格权利说的学者普遍继承了德国学界的

[①] 于飞:《违背善良风俗故意致人损害与纯粹经济损失保护》,载《法学研究》2012年第4期。
[②] [德]卡尔·拉伦茨:《德国民法通论》(上册),王晓晔等译,法律出版社2003年版,第171页。

观点,多数将人格权界定为一种"框架性权利"①,其与指代明确的具体人格权利不同,这种权利具有一般性和抽象性,无法明确哪些权益在一般人格权保护范围外,而哪些权益又能够受到保护。适用一般人格权需要进行个案判断,通过对一般人格权的适用条件进行研析,判断在具体案件中能否适用,这是一个对综合价值进行判断的过程,通常情况下一般人格权通过在具体案件中被不断适用,得以逐步明确化和具体化。需要强调的是,无论一般人格权益在何种程度上被具体化,其作为框架性权利的基本性质依然没有改变,只要符合一般人格权的保护要求,其具备的开放性特征便可使任何人格权益都被纳入保护框架中,因而一般人格权在保护方式和司法适用层面都和法益有诸多相似性,很多新出现的人格利益无法在具体人格权中找到载体,因而就需要诉诸一般人格权保护方式。

(二)一般人格权与具体人格权

权利只有拥有了典型的公开性,才能够引起社会主体的普遍注意。随着人们的法治观念与意识的加强,人们对所享有的权利也越发关注。一般人格权是对普遍人格利益的概括总称,是由受到法律保护的不同权利所组成,是一项框架性的权利。

首先,从具体人格权与一般人格权之间的功能与结构来看,具体人格权主要是指那些得到法律明确规定的具体的权利形态,而一般人格权则是那些在具体人格权之外的人格利益。一般人格权制度的重要价值在于为其他人格利益提供请求权基础与载体。随着法学理论的发展与学科的进步,将会有更多的具体人格权被抽象出来,一般人格权中的利益也会被逐渐提升到权利的高度予以保护,一般人格权是未来具体人格权的内容。

其次,从二者的适用关系来看,在司法实践中面对各种新出现的需要予以保护的新生人格利益,法官往往会选择在具体人格权范围内寻找法律依据与支撑,只有当具体人格权无法对新型人格利益实现全面保护时,才会选择一般人格权相关规定予以适用。作为法律已明确规定了的权利形态,具体人格权在权

---

① 所谓框架性权利,是指因为权利事实要件具有不确定特征,对于侵害行为只能通过权衡他人的相关权利判断具体行为是否违法并得出结论,判断侵害权利的行为并不是采取"结果违法"的方法,而是通过"积极确定违法"的方法。参见[德]马克西米利安·福克斯:《侵权行为法》,齐晓琨译,法律出版社2006年版,第74页。

利义务确定的基础上还享有适用的优先性。相对而言,一般人格权只是通过补充适用以实现对新型人格利益的周延保护,虽然相较于有名权利,其保护范畴相对模糊,但可以及时将新出现的人格利益都纳入其中,一般人格权是以民事主体的人格利益为标的的全面性权利。虽然法律规范对法益的实现要弱于对权利的保护,但是相关法益在整体利益体系中的位置也在随着社会的发展变化而不断调整,并上升为法律所明确保护的权利。为了适应司法实践活动并彰显对人格利益保护的重视,需要对一般人格权概念与内容予以保留。

最后,从具体功能与内涵来分析,一般人格权是法律明确规定的为权利之外其他人格利益提供保护的重要依据,为实现法律的稳定性,实践中可以依据重要程度和综合社会影响力将一般人格权中的内容上升为具体人格权,将那些暂时还未能转化为具体权利的人格利益归入一般人格权范畴中进行保护。这类构造基础上的一般人格权既保持了在人格利益保护中的全面性与创造性,可以及时对新型人格利益予以保护,同时还能够最大限度地保持法律的安定性、可预见性,构建符合人格利益保护实际的制度框架。

(三)一般人格权对人格权的丰富与扩展

随着信息社会的到来,社会关系越发复杂与精细,现有的具体人格权制度面对新的人格要素难以达到保护要求,因此运用一般人格权就具有了现实意义。一般人格权制度是个人信息保护的理论基石,可以保护基于时代发展而产生的新型人格利益,能够有效弥补具体人格权保护的不足。1907年通过的《瑞士民法典》首次提出了"人格保护的一般规定",但瑞士的立法模式在当时并未被他国广泛采纳。自19世纪末起,德国的一些学者主张应当在法典中对一般人格权予以规定,但当时的《德国民法典》只是对生命、健康、自由等具体人格要素进行保护,一般人格权仍然未得到确认。直到社会经济环境发生变化以及人权运动取得进步,德国联邦法院正式发展出了一般人格权的概念。[①] 在此之后,联邦法院和地方各级法院在针对一般人格权的裁判中不断摸索并推动理论逐步完善与成熟,不仅一般人格权理论日趋成熟,法典中的其他人格要素范围也在随着时代发展不断扩张,并在裁判的过程中产生了更多具体人格权,一般人格权的创造不仅丰富了人格权制度,并且推动了现代民法的演化与发展。

---

① [德]迪特尔·梅迪库斯:《德国民法总论》,邵建东译,法律出版社2000年版,第805页。

一般人格权对人格权制度的丰富与扩展具有较强的现实意义：一方面，一般人格权具有解释与平衡功能，可以包容新型人格要素并弥补具体人格权制度之不足，可以对利益冲突进行平衡；另一方面，一般人格权还具有权利创设功能，能够为新的具体人格权产生提供基础条件，先使新的人格要素在一般人格权范畴下受到保护，待权利内容成熟后再提升为具体人格权。① 现有民事法律体系中诸多具体人格权多数源自一般人格权，在社会发展进程中产生新型人格要素时，可通过一般人格权的解释和补充功能进行保护，当社会现实权利需求累积到一定程度时，便需要发挥一般人格权之权利创设功能，调整现有制度并创设新型具体人格权对新型人格要素进行规范与保护。

二、一般人格权理论与个人信息权创设

（一）一般人格权功能与个人信息权

个人信息是用于识别信息主体的相关信息之总和，多数情况下信息主体与其个人信息不会保持绝对分离，否则该个人信息也不具有实用价值，个人信息往往会与姓名、隐私等其他人格要素存在交叉或重合，在我国现有的信息保护制度下，运用某一具体人格权制度的方式保护个人信息会出现逻辑不够严密的情况。一般人格权概括的人格底蕴与个人信息相吻合并能体现其基本内容，在个人信息领域即体现为：信息主体可以不受干涉地保有其个人信息，根据自身发展需要对其信息进行扩展与丰富，信息主体不仅可以排除他人对其信息的非法干涉，还享有及时更正或更新其个人信息的权利。"个人信息具有独立的权利内涵并能够与其他人格权制度相区别，可以成为一项人格权。"② 对个人信息权的创设不仅仅是从一般人格权保护体系中的独立，更是对自然人权利诉求的正面回应。

个人信息体现了主体的人格属性和人格利益价值，是自然人对其主体性要素以及整体性结构享有的支配性权利。③ 秉持法的实践精神，推动新权利的诞生与成长，使原有权利可以更新并调整，这不仅是法的创造与发展，更是一国经

---

① 王利明：《人格权法研究》，中国人民大学出版社2005年版，第180页。
② 王利明：《再论人格权的独立成编》，载《法商研究》2012年第1期。
③ 张俊浩主编：《民法学原理》，中国政法大学出版社2000年版，第137页。

济、政治、文化甚至是综合力量的体现。相较于立法对自然人的保护更多倾向于人格利益,对法人等社会组织的保护则更加侧重对商业秘密与财产权益的保护,与保护自然人信息安全不同,对于法人的信息并不能对公众保密,还必须根据法律法规规定定期向公众披露,进而保护公众的知情权。① 在互联网以及新信息技术飞速发展的时代,信息的内容与形态始终保持着动态发展,将个人信息权纳入一般人格权保护框架中有助于及时应对数据环境的变化,并为个人信息利益提供周全保护。

我国民法建立的一般人格权制度追根溯源是对德国人格权体系的法律移植,其出发点主要基于一般人格权保护框架下的人格自由,并由此衍生出主体的信息自决权。人格权法律关系客体具有开放性和具体性特征,而个人信息又承载了主体社会角色和行为活动的全部内容,一般人格权制度可以将那些超出隐私权保护范围,同时超出合理使用范围的行为确认为侵犯一般人格权,并据此维护主体的合法权益。法律规范存在的目的是实现其价值,而任何国家法律制度的调整与变化都建立在价值观与世界观基础之上,相对于逻辑而言,法律的价值问题更加重要。② 必须明确的是,要实现个人信息保护与使用的平衡,并在一般人格权框架中纳入个人信息权,只表明当信息主体权益被侵害时可将其作为请求权基础,但这并不代表围绕个人信息的任何保存、使用与流通行为都会构成侵权,因为过度保护个人信息反而会限制商业活动的正常发展,对于超出约定的范围使用个人信息的情况是否构成侵权,还需要结合侵权要件以及构成一般人格权的要素进行综合判断。

(二)一般人格权对个人信息的保护

我国《民法典》明确了个人信息的性质及其在民事权利体系中的位置,《民法典》总则编第五章专门规定了自然人的个人信息受保护,个人信息是民事权益体系中的重要组成部分,全面保护个人信息就是保护个人在数字化时代所享有的基本民事权益。在目前飞速发展的技术环境下,与个人无关的信息几乎不存在,在日益强大的数据信息网络追踪下,仅依据看似无关紧要的零散个人信息就能够挖掘出个人的重要隐私信息并将其暴露于公众视野中,个人信息在各

---

① 王泽鉴:《人格权法》,北京大学出版社2013年版,第256页。
② [德]伯恩·魏德士:《法理学》,丁晓春、吴越译,法律出版社2013年版。

个流通环节以多种方式被泄露,严重侵害了主体的人格利益。同时,需要对一般人格权创设新权能及开放性特征予以确认。一般人格权往往保护的是相对抽象的人格利益,因而也就具有一般性和抽象性特征,"创设新的权利内容也是一般人格权的重要功能之一"①。作为一般人格权的基本权能,当新出现了有立法保护价值的人格利益时就应将其纳入保护范畴,并为主体权益提供充分的法律支持与保护。

一般人格权相对于具体权利有较强的包容性,这也形成了具有开放特质的人格权制度体系。司法实践活动中针对各种新生人格利益的保护主要采用类推适用的方式,也就是将法律规范中具体人格权的规定适用于其他人格利益被侵害的情况,但这种方式并不能根本解决人格权保护的问题。② 相对而言,一般人格权以具体个案分析与解释为基础,或者可以依照德国法的相关学说与判决,以保护主体人格尊严与发展为目标,并依此推导出特定场景下针对个人信息的保护权能,这是以主体对其个人信息的控制权为保护对象,只要出现了侵害个人信息的行为并超出社会容忍限度,就可以通过一般人格权制度维护自身权益,并不以存在财产或精神损害为前提。"与个人信息保护有关的法律规范并不是产生于预先设计好的规划中,而是基于科技进步、权利意识、保护需求、侵权形态等形成的,并时刻处于动态的发展过程。"③个人信息权的产生与发展过程,也是权利内容逐步完善成熟并逐渐转化为具体人格权的过程。个人信息权的完善丰富了人格权内容,并不断更新对个人信息价值的认知。

第二节 隐私权保护理论对个人信息保护的诠释

一、隐私权的产生与确立

(一)隐私权的萌芽

自古希腊和古罗马时期起,对公私领域的划分与现今有诸多相似之处,其

---

① 王利明:《人格权法研究》(第2版),中国人民大学出版社2012年版,第152页。
② 谢远扬:《个人信息的私法保护》,中国法制出版社2016年版,第140页。
③ 王泽鉴:《人格权的具体化及其保护范围·隐私权篇(中)》,载《比较法研究》2009年第1期。

中家庭单位始终被视为私领域的重要组成部分,围绕家庭生活的隐私需要最大限度的尊重。随着新技术的变革以及工业革命的兴起,大量出现并普及的报纸、电报、照相技术等使人们的私生活面临着全新挑战,越来越多的人开始关注隐私问题。隐私观念开始产生,人们从关注人身、住所延伸到详细财产状况和健康信息等。1873年英国学者詹姆斯·斯蒂芬在《自由、平等与博爱》一书中采用较为简洁的语言对隐私进行了描述与探讨,并提出:"对隐私的范围进行界定从本质上说是不可能的,但是可以采用一般的表述进行描述与分析,生活中敏感并具有隐秘特征的社会关系都具备这种性质,对这些关系进行非同情性的侵犯或者是其他不当的窥探将会对主体造成持续性的痛苦和精神损害,未经允许的查探行为往往会构成对隐私的侵害。"斯蒂芬从哲学角度将隐私视为生活中敏感和隐秘的关系,这极大地推进了隐私理念的生成与发展。

(二)隐私权的确立

美国学者罗伊斯·布兰代斯和萨缪尔·沃伦最早提出隐私权的概念,这源于1890年他们在《哈佛法律评论》上发表的名为《论隐私权》的论文,并且将隐私权定义为"独处的权利",提出应当从侵权法的角度认可隐私权的存在。[1] 沃伦和布兰代斯通过分析技术进步和社会变革,结合普通法承认并接受新权利的理念发现了隐私权的法律基础,即隐私权并不能够为个人信息提供系统全面的保护。布兰代斯曾说过,人们虽然享有独处的权利,但实际上很少有人愿意独处,人们都希望可以选择性披露自己的事实以影响并操纵周围的世界。[2] 在理查德·A.波斯纳看来,在现代社会中隐私权虽然已获得人们的普遍承认,但保护隐私的观念并非基于人性的需求,而是在经济社会综合实力的提升,人们为了隐藏部分自身相关信息并避免负面评价、争取更多商事交易的背景下由法律正式承认的。随后的许多学者对沃伦和布兰代斯提倡的权利进行了总结。一些法律学者认为隐私是一个独特而连贯的法律概念,必须被理解为保护单一的、无差别的利益;一些理论认为隐私权属于个人自治权部分,个人有权对其信息自主作出决定。[3] 1960年法学家威廉·普罗瑟(William Prosser)发表文章,

---

[1] Samuel D. Warren & Louis D. Brandeis, *The Right to Privacy*, 1 Kingston Law Review 66(1890).
[2] [美]阿丽塔·L.艾伦、[美]理查德·C.托克音顿:《美国隐私法:学说、判例与立法》,冯建妹等编译,中国民主法制出版社2004年版,第171页。
[3] Louis Henkin, *Privacy and Autonomy*, 74 Columbia Law Review 1410(1974).

在总结以往判例的基础上概括总结出四种类型的隐私权,标志着隐私权在美国的全面确立。①

美国所使用的隐私权概念具备空间、自治与信息三个方面的要素:空间隐私是为了保护个人空间免受其他人或物的侵犯或打扰;自治隐私是主体享有的独立自主作出与切身利益相关的决定的权利;信息隐私则是对自身信息的控制权利。这些权利所体现的是自治与尊严、对信息的自由支配以及对个人领域边界的限定。隐私权的内涵包括有意识自由、身体与信息的自我控制、保护个人名誉、免受监视与非法搜查等内容,隐私权可以在描述与规范概念之间、身份与尊严之间进行自由的移动与转换。② 自美国联邦最高法院确认"隐私权是一种与生命权和财产权相并列的宪法权利",美国制定了大量保护个人信息方面的隐私权法律,主要包括:1966年的《信息自由法》规范了联邦政府对个人记录的公布方式;1970年的《公平信用报告法》主要涉及消费者、信息使用者和报告者在处理和使用个人数据时具体的权利与义务;1974年通过的《隐私权法案》主要侧重于保护联邦机构存储的个人数据记录精确与完整,防止基于不恰当的个人数据记录而产生的不公正决定;1978年的《金融隐私权法》主要明确了联邦政府获得个人金融数据记录的条件。在此后的时间里,仍然针对某行业与领域进行专门隐私权立法以保护个人数据信息。随着网络技术的发展,立法活动开始向数字空间扩展,主要包括:《计算机比对和隐私权保护法》《消费者隐私保护法》《消费者互联网隐私促进法》《跟踪软件控制与隐私保护法》《消费者在线隐私及公布法》等,这些法案多数适用于数字空间的信息保护。

隐私权在美国的全面确立遵循了从基础理论到判例法再到成文法的立法规律,而隐私权在欧洲的确立和发展却呈现出另一种风格。英国法院认为,面对新时期复杂的隐私侵权行为,现有的侵权法足以应对并能够为其提供周全的法律保护,但同时英国法学界也在期待一般隐私权的确立,并仍然认为一般隐私权是保护个人隐私的较好选择。英国虽然还未通过成文法认可隐私权,但是在1998年制定了《人权法案》以符合《欧洲人权公约》的要求。德国、法国等欧

---

① [美]文森特·R.约翰逊:《美国侵权法》,赵秀文等译,中国人民大学出版社2004年版,第89-90页。

② [美]乔纳森·卡恩:《作为身份维持原则的隐私》,王梓棋译,载张民安主编:《美国当代隐私权研究——美国隐私权的界定、类型、基础以及分析方法》,中山大学出版社2013年版。

洲国家理解隐私则围绕私生活秘密展开。法国19世纪就在立法中确认了隐私权，赋予个人的私生活受到尊重的权利。在这一理念的引导下，法国的隐私权法也取得了巨大成就。① 德国并没有创设隐私权相关的概念，主要是将其纳入一般人格权保护框架，并在个人生活领域将权利具体化。② 德国和法国对隐私权内涵的确认与美国不尽相同，针对隐私权的确认与理念也有其独到见解与保护方式。

二、隐私的内涵界定与理论基础

隐私权在不同法域所依托的基础理论也不尽相同。与为实现人格尊严与自由之目标而保护隐私权不尽相同的是，美国是以权利自由主张为基础实现隐私权利。最初的隐私权是从道德规范层面以及自然法的角度推导出权利依据的，因而其产生之初就是以维护主体人格尊严作为首要理论基础和权利目标。美国著名学者詹姆斯·Q.惠特曼（James Q. Whitman）提出："欧洲各国持有的隐私权理论以人格尊严为基础，并以维护人格尊严为目的。"③法律保护隐私的过程也是对个人自主权与内心世界以及对其私有领域、私密空间等免受侵扰的基本需求。布兰代斯和沃伦在《论隐私权》中运用大量篇幅描述了人们的信息被媒体报道后的情形，围绕隐私权的讨论和描述是为了传达人格尊严与隐私保护密切相关。美国立法体系所推崇的自由理念认为，每个主体都应当享有自由权，但为了适应经济社会环境又需要让渡部分权利，个人有权决定展示自己的方式，与此同时，任何个人也有选择不进入公众视野的自由。④ 个人私人空间与自由被侵扰的威胁主要来自社会和其他主体，只要主体的行为影响到他人时就需要对社会负责。假如主体行为只对本人产生影响，在权利上就具有独立性，个人对于本人的身心仍然是最高主权者。⑤ 个人对其内心世界和精神领域享有自由和不受干扰的权利，审视隐私权的法理基础，有助于实现隐私保护目的，还能够帮助厘定应当受法律保护的隐私内容与范围。

---

① ［日］五十岚清：《人格权法》，［日］铃木贤、葛敏译，北京大学出版社2009年版，第154页。
② 王泽鉴：《人格权的具体化及其保护范围·隐私权篇（上）》，载《比较法研究》2008年第6期。
③ James Q. Whitman, *The Two Western Cultures of Privacy: Dignity Versus Liberty*, 113 Yale Law Journal 1151 (2004).
④ Posner R. A., *Privacy, Surveillance, and Law*, 75 University of Chicago Law Review 245 (2008).
⑤ ［英］约翰·穆勒：《论自由》，孟凡礼译，广西师范大学出版社2011年版，第2－10页。

在不同的民事权利体系中,界定隐私的方式种类繁多。相对有代表性的观点主要有:"隐私是指人们对与自身有关的所有信息的控制;隐私是人们独处生活的权利;隐私可以使个人避免在其不愿意的情况下被接触,无论是身体还是个人信息的接触。"①德国法对隐私是这样界定的:"一切与个人有关的事件与事实的信息总和,并只限于在特定领域被主体知悉,并根据主体真实或可推导的利益诉求,避免对这些信息做进一步传播。"②我国学者王利明教授认为:"隐私是指自然人免于外界干扰,并使其私密信息与私人生活免于公开的状态。"③张新宝教授认为隐私范畴应当包括"私人信息秘密以及私人生活安宁这样两个方面"。④ 从学者们分析隐私内涵的角度判断,无论范畴如何变幻莫测,概念多么难以捉摸,其核心要义总是与私人信息或者秘密相关,体现了信息主体的主观期待状态,对其私密避免他人关注和知晓的愿望。

三、个人信息的隐私保护解读

(一)隐私的社会价值

作为社会人的主体都拥有个人信息,但在所有的信息中有部分数据是人们倾向于隐藏的,这些信息经过采集分析后往往具有特殊的价值,经营者与数据分析机构也愿意投入精力与技术挖掘并使用这些信息,他们并不是重视或窥探信息本身的价值,而是需要将信息作为某种资源以产生效益或福利。波斯纳曾指出,实践中应当明确区分将隐私作为秘密对待、发掘隐藏的意愿以及将隐私视为资源与工具的意愿。多数情况之下隐私中隐藏的工具性价值会与人们的需求密切相关,如果隐藏的信息会给信息主体造成负面影响,主体就会对其信息进行有意识的隐藏或控制,如果是信息主体希望隐瞒但并不会损害其名誉的信息,假如能够公开就有机会产生一定的社会价值。⑤ 传统的隐私理论主要集中在个人的主观价值观上,隐私的社会价值也可能被考虑在内,隐私概念也必

---

① [美]阿丽塔·L.艾伦、[美]理查德·C.托克音顿:《美国隐私法:学说、判例与立法》,冯建妹等编译,中国民主法制出版社2004年版,第13页。
② [德]霍尔斯特·埃曼:《德国民法中的一般人格权制度》,邵建东等译,载梁慧星主编:《民商法论丛》总第23卷,金桥文化出版(香港)有限公司2002年版。
③ 王利明:《人格权法研究》,中国人民大学出版社2005年版,第559页。
④ 张新宝:《隐私权的法律保护》,群众出版社2004年版,第8页。
⑤ Posner R. A., *Privacy*, *Surveillance*, *and Law*, 75 University of Chicago Law Review 245(2008).

须随着社会变化而演变。在新技术背景下,隐私问题不再局限于严格的个人问题,应当全面考虑隐私的个人价值和社会价值,隐私是社会生活过程中产生的概念,如果不考虑社会背景,就无法正确认识隐私的价值。[1] 个人与社会是不可分割的,个人的声誉是公众的意见以及自身在社会的形象,是受到法律保护的合法权利,声誉对于个人的社交生活至关重要,但如果脱离了社会的背景,就不存在窃听、窥探、秘密收集和使用个人数据的前提,谈论隐私保护则毫无意义。

隐私作为一种权利的抽象概念并不负责提供用于解决现实生活问题的指导原则,个人独处的权利也会不可避免地与他人参与社交活动的能力发生冲突。根据这一标准,当一个人的隐私与其他人的利益发生冲突时,如在公共场所自由表达的权利,就不会受到绝对的保护,社会生活影响隐私实现的方式,隐私保护应该包括个人的主观期望以及来自社会的客观因素。正如索洛夫(Solove)教授所说,隐私不是鼓吹个人反对社会的利益,而是基于社会自身的规范和价值观进行保护。隐私不仅仅是让个人摆脱社会控制的一种方式,它本身就是一种社会控制的形式,从社会的规范中产生并且在促进民主方面具有重要作用,因此隐私的真正价值必须包括其社会价值。

(二)对个人信息隐私保护的思考

我国学界围绕隐私权理论存在诸多观点,但学者们普遍达成了共识,也就是隐私的核心应当是非公开的和私密的,在数据分析与整合技术飞速发展的时代,信息的形态与载体也在不断发生变化,与之相对应的隐私范围也在不断扩张与修正。美国法院通过大量的司法案例表明,从公众渠道获取的个人信息并不构成侵犯隐私权。[2] 然而,实践中仍然有部分学者将隐私与个人信息等同,在我国法律传统与语境下,个人隐私与个人信息无论内涵还是外延都不尽相同,隐私权侧重保护的是主体不被侵扰和生活安宁的渴望。目前的隐私权制度内容细致性缺乏,而在司法实践中普遍存在的分歧主要源于隐私权体系相对笼统且范围不够明晰,针对电子商务领域的信息流通与保护并不能起到较好的调整作用。总体而言,从隐私权角度对个人信息的商业使用进行的调整与保护存

---

[1] Julie E. Cohen, *What Privacy is For*, 126 Harvard Law Review 1904(2013).
[2] 郭瑜:《个人数据保护法研究》,北京大学出版社2012年版,第206页。

在一定难点:第一,隐私是个人所有信息的一种,个人信息中只有那些影响主体人格尊严或社会评价的才能被称为隐私。① 第二,隐私权是对他人侵扰进行对抗的消极性权利,②在侵害隐私行为发生前无法主动作出预知并行使权利,而作为积极权利的个人信息权,其主体就可以排除他人非授权使用行为,要求行为人删除或更改其个人信息并恢复到正确状态。第三,不同于传统隐私权的单纯思维保护模式,在电子商务领域中,个人信息涵盖的利益内容呈现多元化态势,应当从追求个人信息的有效使用与充分保护双重利益模式进行考量。③

在电子商务对经济社会生活产生重要影响的时代,交易对于个人信息既有着深层次的保护需求,同时也需要对个人信息价值进行分析与使用。总而言之,隐私与个人信息的性质、内容以及保护方式都不尽相同,"二者在逻辑关系上存在交叉,而这部分隐私信息则是以个人信息形态存在的"④。隐私权理论来源于美国,经过长期以来的研究与探讨,在顺应经济与科技发展前提下,构建出了针对特定领域的并以侵权法为保障机制的隐私权制度,其隐私权理论所主张的在信息流转过程中主体所拥有的控制力仍值得深入思考。

第三节 个人信息自决权理论对个人信息保护的推进

一、个人信息自决权理论的产生与个人信息自决权的确立

(一)个人信息自决权理论的产生

20世纪60年代,德国受到美国隐私权理论的影响并开始逐步关注个人信息的保护问题。德国于1960年修订了《联邦人口调查法》,在增加收集居民相关统计数据并进行统计调查时,问卷内容被居民质疑并拒绝提供相关信息,因

---

① 刘德良:《网络时代的民商法理论与实践》,人民法院出版社2008年版,第189-197页。
② 王利明:《论个人信息权的法律保护——以个人信息权与隐私权的界分为中心》,载《现代法学》2013年第4期。
③ 张新宝:《从隐私到个人信息:利益再衡量的理论与制度安排》,载《中国法学》2015年第3期。
④ 齐爱民主编:《个人资料保护法原理及其跨国流通法律问题研究》,武汉大学出版社2004年版,第36页。

此被处以一定额度罚款,该居民向法院起诉认为这种类型的统计调查行为揭露了私人信息并侵害人格尊严。联邦宪法法院在审理案件后确认了《联邦人口调查法》的合宪性,并没有支持该居民的诉求,但在判决中强调人格尊严作为一种较高价值的秩序,不能随意违背其所蕴含的基本理念。该案引起较大反响,保障个人私生活领域的理念开始全面确立,1969年形成的决议内容要求联邦政府采取手段减少处理信息过程中可能对个人隐私造成的侵害,该决议也成为德国在个人信息保护领域统一立法的前奏。与此同时,学者围绕该领域的研究也开始发挥作用,并形成由个人自我决定其生活方式,并免受他人干预与侵扰的权利。基于社会的普遍关注与学术界的积极讨论,1970年德国黑森州率先制定了《个人数据保护法》。随后德国国会也制定了《联邦个人数据保护法》,该法充分考虑了数据处理无限化与规模化对主体意志与行为自由的干涉以及可能导致的侵害。随着学界研究的深入,推动自我决定权逐步应用于全部个人信息领域,同时个人信息自决理念也在寻求契机顺应社会变化与需要并不断臻于成熟。

在论证如何为个人信息提供全面保护时,德国法学界在探讨对人格尊严保护的同时,也反复主张信息主体自我决定的自由,这是宪法所赋予的行为与意志自由。个人信息自决权理论不仅与人格权中的自我决定权以及私法自治原则等密切相关,也和计算机、网络以及信息技术的飞速发展导致主体对其个人信息缺乏有效控制有关,在司法实践中,德国法院也以判例的方式确立并充实个人信息自决权理论。黑格尔认为:"(自为地存在)的意志即抽象的意志就是人,而人的本质在于人的意志。"[①]主体可以根据自身意志决定其发展方向,体现了法律对人格尊严的维护和意志自由的保护,也是对人格自由全面发展的认同。自然人可以自由发展其人格,因而能够对自身事务和人格要素等予以控制或决定,并排除他人的干涉。

(二)个人信息自决权的确立

二十世纪七八十年代,随着自我决定权内容的不断丰富以及自决权理论的发展与成熟,德国联邦与各州通过制定全面或特定领域的个人信息保护法,相对完备的个人信息保护法律体系基本形成。在信息科技时代,人们对其信息的

---

① [德]黑格尔:《法哲学原理》,范扬、张企泰译,商务印书馆1961年版,第46页。

控制能力越来越弱,救济手段也不能提供充分的保护时,权利前置保护方式应运而生,个人信息自决权也就具备了产生的现实基础。随着网络与信息处理技术的迅速发展,个人信息面临的潜在危险也在不断扩大,数量巨大的个人信息可以被随时储存、分析、查阅和传播,主体对其信息既无从知晓具体状态,也没有具体控制能力。这个时期的德国各级行政机关都有其独立的个人信息数据库,在这种环境下人们对于信息收集尤为敏感,同时针对个人信息的控制愿望更加强烈。

1982 年德国议会发布的《联邦人口普查法》授权政府进行人口分布与结构统计,在进行普查时要求居民填写一份涉及姓名、性别、家庭婚姻情况的调查问卷,这份调查引发了各阶层的强烈不满与抗议。联邦宪法法院针对这个情况提出自由秩序下人们有自我决定的自由,《德国基本法》所规定的一般人格权制度需要在个人信息领域实现具体化,公民个人有权自主决定是否交付或公开其信息。如同自由不是无限的、需要受到限制一样,个人享有对其信息的自我决定权利并不是无限制的,宪法需要对社会与个人间的相互限制关系进行协调。面对重大公共利益时需要对个人信息自决权予以必要限制,且限制的程度以满足公共利益为判断标准。德国联邦宪法法院将一般人格权的自我决定权在个人信息领域具体化,并从个人自由与个人信息间的关系论述,以自我决定权到个人信息自决权这种演进方式逐步确立了个人信息自决权,同时强调个人信息是否属于敏感信息并不是以是否触及隐私为标准,而是以对信息使用或结合的可能性为判断的标准。"个人信息自决权作为一般人格权在法律中的具体化",①必然推崇保护信息主体的人格尊严和人格自由。

二、自决权理论对个人信息的保护

(一)信息自决对个体价值的关注

个人信息自决权理论始于私法自治理念,最初是在私生活领域内发挥着使人们意志与行为自由,避免他人干涉的作用。在个人信息诸多保护理论中,控制权说与自决权理论最为接近,它是指个人享有在何时、以何种方式、在何种程度对其信息加以控制的权利。在秉承着隐私权理论维护独处理念的同时,还强

---

① [德]卡尔·拉伦茨:《德国民法通论》,王晓晔等译,法律出版社2003年版,第174页。

调维护隐私的核心并不仅仅是预防不当披露和免受侵扰,而应当对个人控制其信息的能力予以确认。个人信息控制权说非常注重强调隐私的个人性质,并将附着于个人信息上的利益界定为控制力,认为个人对其信息享有的控制力可以通过财产权理论予以解释。相比较而言,信息自决理论更加侧重于保护人格自由,以及在个人信息范畴内自我决定的自由,但这种自由并非没有边界毫无限制的,当面临重大的公共利益时则需要法定限制。信息自决权不是一项绝对的个人权利,其既保护人格利益、尊重决定自由,同时也具有公共利益优先的特征,注重协调社会与个人的关系。推行自治的理念以及自我决定的自由并不仅是为了防止信息被刺探,还要避免信息被无限度处理,并不要求对信息绝对和专属的控制权。

个人信息自决权理论建立在保护自我决定自由基础之上,同时主张并推崇个人的自治能力,在赋予个人相应权利的同时也限制了对信息的绝对控制。[①]德国法以较为明确的方式界定了个人信息的范围,即包括任何能够或可以识别的主体所有信息的总和。[②] 自然人作为自由社会的一员应当以自我决定的方式生活,而信息自决权理论关注人格自由的基点则是该理论应有之义,主体对其个人信息的流通、交付以及使用,享有行动与意志的自由,这也充分体现了信息主体具有的人格自由。信息必须参与到社会流通与共享中,维护主体对其信息自我决定自由是自决权理论发展的价值目标与逻辑起点。

(二)信息自决对个人信息社会价值的审视

在大多数情况下,信息主体一旦选择公开其个人信息就无法保证对其信息的收集与使用,也就无法实现对个人信息的有效控制,应当完善个人信息保护之技术手段,还应避免对控制权的过度依赖。在信息主体的主观偏好和个体策略之外,还存在社会与集体的多维度关系,仅仅将个人信息的控制视为个人在缔结契约的自主权,忽视了个人信息更为社会化的价值观。个人参与社会生活的重要内容主要是通过公开与使用其个人信息,通过这些数据与信息构建出属于自己的独特社会形象,并以信息主体形象参与社会交往,在进行社会交往中通过不断收集他人信息,加强对社会环境的理解并完善自身社会形象,以达到

[①] 孔令杰:《个人资料隐私的法律保护》,武汉大学出版社2009年版,第96页。
[②] 德国《联邦个人数据保护法》第3条。

实现人格发展的目的。从这个角度分析,任何内容不实、错误以及扭曲的个人信息都会在不同程度上影响个人塑造其完整的社会形象,并导致主体在社会发展中偏离自己的目标与预期。

随着互联网的普及以及信息技术的发展,个人的信息与其社会形象的联系日趋紧密。个人一方面需要对其信息被公开的内容、方式以及范围进行控制,以保证其个人社会形象基本符合本人预期;另一方面需要尽可能掌握更多其他主体的个人信息,以期对周围社会环境有全面与充分的认识,在更多有效信息引导下,个人才能有效地改善并规划自己的社会形象,从而实现人格发展。从这个层面可以总结出,对个人信息的保护并不仅是维护个人隐私,更是对其综合社会形象的自我决定。在电子商务领域,依据数据分析技术形成的产品与服务的引导功能是推动商事交易的有效手段,对于个人信息的绝对控制不利于信息的传播与使用。个人信息保护不仅是个人自治问题,同时也是社会问题,通过保护和塑造私人信息领域,确保自我管理和决策的必要独立性,才能使任何形式的个人信息的收集、使用和披露趋于合法化。

个人信息自决权理论建立在对各方利益衡量基础之上,"即使是在人格的核心领域,社会中每一位自然人成员也同样存在社会关联"[①]。该理论还强调个人信息所具有的公共性、集体性以及共同性等价值特征,认为主体社会交往目标实现、政治经济发展、法律制度的构建都建立在个人信息流通的前提下,信息中蕴含的经济社会价值是信息自由流通的重要前提。在私密信息不被刺探的前提下,人们又希冀通过信息的交流共享加强社会关系并获得社会财富,在这个过程中人格权内容也在不断丰富与发展。在信息化进程中,个人信息流通速度更快,处理的方式也更加多样,人们发现很难掌控自己的信息,于是试图运用隐私权理论实现对个人信息的绝对控制。然而,现实情况是人们要参与社会生活,其部分个人信息必然参与流通和公开,并且在多数情形下是主体自主自愿的选择,在重视信息蕴含的社会价值的同时,赋予主体自主决定如何使用其个人信息的自由。在关注个人信息蕴含的个人特质并强调其社会价值、在保护主体对其信息享有的自我决定自由的同时,还需要促进个人信息在社会中的自由流转,以达到全面保护个人信息以及实现信息社会价值的目的。

---

① 王泽鉴:《人格权的具体化及其保护范围·隐私权篇(上)》,载《比较法研究》2008年第6期。

三、对个人信息自决权理论的反思

(一)信息自决理论适用的局限

在当前的技术环境下,人们在网络上的行为与轨迹全部可以被查阅与记录,个人信息正在通过无法预见的信息技术流通与传播。网络空间中的行为与活动轨迹会自动生成行动记录,并被长久保持。目前,诸多经营者与数据分析机构利用最新的技术手段追踪并收集用户在互联网的各类信息,将收集后的信息进行比对分析以进行商业利用,通过整合分析提取有效数据以形成详细的营销列表,以此指导企业下一步的经营方向。随着网络定位跟踪以及信息探测技术的发展,人们控制其信息的难度不断加大。对信息的自我决定与控制并不是简单行使一个人的权利,而是指主体决定使用、共享其信息的决策能力或意愿,现阶段有三种因素可能会影响信息主体的决定并改变他们参与信息自我管理的能力。

首先,信息主体自我决策的局限性。在实践中相比信息控制者,信息主体往往对于数据收集的性质、范围和用途毫不知情,在缺乏足够信息的情况下,对其信息的决策判断失误不仅是基于信息的不对称,还包括对所涉及内容的不确定性和风险缺乏了解,实际上在大多数情况下,信息主体可能并不了解共享和交换其个人信息的潜在后果。有关风险信息的不完整和不对称使主体决策变得更加困难与复杂,因为信息主体很难充分权衡披露信息的成本和收益,在信息的许可使用和许可转移的过程中无法对潜在的后果进行精确分析与理解。[1]正如许多研究领域所强调的那样,人类的基本理性受到限制,"限制了我们获取、记忆和处理所有相关信息的能力,使我们依赖近似于策略和启发式的简化的心理模型"[2]。这种有限理性可能会导致人们行为不一致,并阻碍信息主体制定信息决策的能力,当信息主体面对信息控制说时,就需要独立作出与其信息相关的决定,并对其行为与决策负责,个人数据的使用和传输通常会以极其

---

[1] S. Trepte et al., *Do People Know About Privacy and Data Protection Strategies? Towards the Online Privacy Literacy Scale*, Reforming European Data Protection Law 333(2014).

[2] A. Acquisti & J. Grossklags, *Privacy and Rationality in Individual Decision Making*, 27 IEEE Security & Privacy 26(2005).

复杂和不透明的方式进行,这会极大地影响控制权的行使。[①]

其次,对个人信息控制目标的偏离。任何健全的信息保护方法都必须确保适当的自主权、控制权和自由选择权,当追求控制成为公司解决信息安全的主要或唯一途径时,凡事优先关注对其个人信息的控制,那么保护效果必然发生偏离。现代数据生态系统普遍存在复杂且不透明的情况,信息主体拥有的只是数据流中最少的一部分资源,这部分还可能存在大量的错误信息,虽然控制蕴含着实际权利与义务,有吸引力,但当不行使这种控制权时,信息就有可能面临风险。公司可以将权利主体的不作为视为默许。总的来说,过多的控制反而会使人们有沉重负担,并选择对任何选项表示同意,出于维护个人社会形象的需要,主体应当对其个人信息享有一定的控制能力,但如果绝对化这种控制力,不仅不符合公共利益需求,还会使该理念制度价值受到质疑。

最后,信息自决与信息处理间的矛盾。个人对其信息的自我决定主要涉及信息公开前与公开后这两个部分。在个人信息公开之前,信息主体会依据不同环境选择公开的内容,便于在参与社会活动时具有符合自身需求的社会形象,个人信息只有基于主体意思进行处理才不会偏离最初的预期。在个人信息公开之后,主体可以自主决定对信息的处理方式,以确保公开后的信息不被随意扭曲,已公开的信息构成了主体参与社会生活的个人形象,个人信息公开后就进入公共领域,随时都有被其他主体获取并被进一步处理的可能,然而这些未经许可的处理可能会导致已公开的信息内容发生改变,甚至扭曲信息主体的社会形象、影响人格发展及参与的社会生活,实践中尤其需要对已公开个人信息的处理予以限制,目的就是稳定个人社会形象以符合信息主体之期望。信息自决与信息使用之间的矛盾日益突出,信息自决能否真正实现取决于如何确定对公共信息的处理界限,在理论上就要求主体应当有权介入对其信息的处理行为,以确认该处理行为是否合理,这样才能保证其社会形象符合本人预期,保障个人可以自主参与社会生活并实现人格自由发展的目标。

(二)信息自决理论的不足

随着网络和信息技术与社会生活的融合程度不断加强,伴随当今社会中信

[①] K. J. Strandburg, *Privacy, Rationality and Temptation: A Theory of Willpower Norms*, Rutgers Law Review 1235(2005).

息价值日益凸显,围绕个人信息内容以及保护的观点也持续发生改变。个人信息自决理论产生于20世纪60年代,在这个阶段,部分国家开始在多领域采用信息处理技术,并极大地提高了行业效率。为了平衡隐私与效率的关系,司法界与学界对于早期隐私保护理念进行了扩展,并结合一般人格权理论提出了个人信息自决的理念,以防止对个人信息的过度收集与处理。然而,个人信息自决理论产生的社会背景已经发生了改变,虽然可以在一定程度上保护个人信息,但也面临边界不清的问题,在司法实践中对信息自决的保护范围往往采用相对宽泛的解释,其会与其他权利的保护范围产生交叉或冲突。

首先,个人信息自决权理论的核心是主体对其自身信息的控制,这种控制主要体现为对信息处理的自我决定。然而,自我决定得以实现,是建立在信息控制者履行告知义务的基础之上,只有充分掌握信息收集与处理的各个环节,信息主体才能作出更加合理的判断,使处理信息相关活动对主体利益最大化,而且告知义务不限于在信息被收集和公开之前履行,当信息被收集和公开后,主体依然需要掌握与其信息处理的各项相关内容与活动,进而判断信息处理行为是否符合自身利益,以选择行使相应的更正权、删除权等,如果主体与信息控制者因不对等地位导致信息不对称,就会使信息主体无从得知信息持有者是否履行了告知义务,而导致其知情权较难实现。尤其当信息被收集之后,主体请求行使查阅权,但却没有渠道对信息处理状况是否真实全面进行核实,该权利能否实现主要在于持有者,缺乏充分知情权的当事人自决往往难以实现。[1]

其次,个人信息自决权理论所体现的核心原则较为绝对。在社会交往过程中,主体的某些方面信息不可避免地会被他人知悉,这也是主体参与社会生活需要面对的正常风险。有些主体不愿意被公众知晓的信息可能会涉及社会公共利益,出于维护公共安全与他人合法利益的目的,这些个人信息需要在合理的范围内公开或使用,从维持社会秩序的角度出发,自愿参与社会活动的信息主体都应当存在一个容忍界限,并且允许在符合特定情形与条件时,在没有本人许可与授权的情况下,相关机构或者其他主体可以对个人信息展开收集与处理。在实际操作过程中,对主体容忍的界限则难以把握,如果容忍范围过小,确

---

[1] 任龙龙:《论同意不是个人信息处理的正当性基础》,载《政治与法律》2016年第1期。

实可以使个人信息利益得到较好的保护,但可能会影响公共安全以及他人合法权益的实现;如果给主体设定较大的容忍范围,又会侵犯人格自由和其他人格利益。因而,如何确定合理的容忍范围,并对当事人对其信息的控制予以适当限制,也是使用信息自决理论的核心问题,同时明确个人信息自我决定以及数据保护的边界。

最后,个人信息自决权所保护的客体具有不确定性。个人信息与传统的权利客体如身体、财产或人格尊严都不尽相同。① 个人信息作为一种抽象的客体,虽然与自然人有着密切的联系,但并不是严格意义的对应关系,个人信息有可能会与数个信息主体相关,与各主体间的联系程度也会不尽相同,并呈现出不同的人格利益,同时随着时间以及公开程度的变化,个人信息本身所蕴含的价值也保持着变化。在理论层面所有的个人信息都需要被保护,但是在信息收集处理的实践中,个人信息的保护价值也是不确定的,同时考虑到信息数量的庞大,针对个人信息展开的绝对、全面的自我保护并不具有现实可能性。

个人在进行基于信息交流与共享的社会活动时需要承担一定的风险,这既包括基于信息技术发展带来的必要风险,也包括因自身敏感信息被他人知悉引发的社会交往活动的不确定性。为了促进信息产业发展,享受信息化社会所带来的各种便利,信息主体需要忍受其信息在某种范围与程度被使用的可能。基于整体社会利益的考量,只要风险能够被限制在一定范围内,并不会造成额外的损害,就可以认可其属于当事人社会容忍之范畴,不应当认定其有违法性。② 在讨论不同场景下的个人信息保护时,尤其需要正视风险的存在,认识到个人信息自决权理论存在的缺陷,在进行制度设计中追求风险与权益的共担与平衡,人们在享受信息带来的便利时,应当容忍对其个人信息的合理使用,为相关产业的发展提供信息资源。

---

① 张新宝:《从隐私到个人信息:利益再衡量的理论与制度安排》,载《中国法学》2015 年第 3 期。
② 朱岩:《风险社会下的危险责任地位及其立法模式》,载《法学杂志》2009 年第 3 期。

第四节　财产权理论对个人信息保护的扩展

一、个人信息财产权理论的源起与发展

(一)个人信息财产化理论的产生路径

各国围绕个人信息保护理论的探索都始于维护主体人格尊严,但随着信息处理方式的自动化、处理规模的扩大化以及信息记录的数据化,信息的流通与处理环境发生了极大的变化。美国管理信息科学专家梅森提出信息时代主要存在四个伦理问题:隐私、产权、准确性和存取,[1]其中隐私与准确性问题和个人信息上承载的人格利益相关,而产权与信息处理过程中涉及的财产利益问题有关。近年来,更加高效与便捷的数据为信息价值的开发提供了重要条件,在数字经济环境下,个人信息的财产价值被不断开发,在信息社会被赋予新内容的个人信息中的财产价值也被更多地提及与重视。个人信息财产化理论可以追溯到个人信息控制权理论,首次将隐私权诠释为主体对其信息的控制权,并认为控制力的权利来源主要基于财产权益。自此,学者们开始基于财产法理论探索全新视角的信息保护方案,围绕个人信息的财产权制度开始成为学术界讨论热点。

在信息的自我决定和自我管理之外,学术界普遍从财产权方面对数据主体的权利进行了界定,认为基于个人数据所有权的市场导向机制,可以实现对个人信息的更大控制。"隐私可以被视为一种财产权,人们应该拥有关于他们自己的信息,并且作为财产所有者有权控制信息的使用。"[2]在这个概念中,控制一个人的数据在法律上意味着有权在"隐私市场"上进行交易和交换。[3] 美国学者艾伦·威斯汀早在二十世纪六七十年代就提出:"应当将个人信息视为一项财产权,并建议考虑引入产权保护方法。[4]"将个人信息所蕴含的权利视为财

---

[1] 李晓辉:《信息权利研究》,知识产权出版社2006年版,第184-185页。

[2] V. Bergelson, *It's Personal but is It Mine? Toward Property Rights in Personal Information*, 37 University of California, Davis Law Review 383(2003).

[3] C. M. Rose, *Canons of Property Talk, or, Blackstone's Anxiety*, 108 Yale Law Journal 601(1998).

[4] Westin A. F., *Privacy and Freedom*, The Bodley Head 324(1967).

产权,商品化数据隐私利益是基于市场模型的主题,市场解决方案被认为优于政府监管。亚瑟·R. 米勒(Arthur R. Miller)认为,保护隐私的合法及便捷的方法就是确认个人信息是一种财产,如果这个前提被接受,那么其结果就是数据主体有权控制自己的信息,并有资格获得与财产所有权相关的全方位法律保护。① 瓦里安将消费者的数据隐私分析为私人信息中的财产权,以探索赋予消费者控制其个人数据使用能力的可能性。② 肯尼思·劳顿教授在早期研究基础上认为,当前的隐私危机源于市场失灵,可以在理论上将个人信息视为财产,对其予以定价以更好反映个人信息的价值。③ 1991 年学者帕梅拉·萨缪尔森(Pamela Samuelson)发表论文提出,信息属于财产的法律观点会被接受并认同,其主要原因是信息技术环境的变化与发展。④

(二)个人信息财产权理论的发展

在各国学者不断研究中,财产权理论的内容保持推进。学者提出在新技术环境下对信息价值、功能以及相关制度与保护理念进行重新审视,主张主体应当享有其信息使用与共享所带来的财产利益。个人信息财产权的理论支撑是以黑格尔的财产权理论为基石的。黑格尔认为:人拥有尊严与自由意志,并能够将其意志体现于物;而物是能够被支配、可转让的客观存在,在物理形态的物之外,人的身体与意志是内存于人体的"物",主体才能对特殊的物进行支配但无法转让和出售。⑤ 该理论被研究者视为理论支撑基点,即个人信息是外在于主体的物,主体能够对其信息自由支配,还可主张蕴含于个人信息中的财产权,分享并支配其个人信息的财产利益,是权利人的独立意志与自我决定的体现。

研究者认为早期立法保护个人信息的目标,主要是应对那些信息收集与刺探行为,而这是使主体信息免受侵扰的消极保护方式。随着信息价值的开发与使用,仅限于人格权范畴的保护内容无助于主体自由意志的发挥,应当对个人信息在财产权领域进行分析与考量:首先,个人信息具备了可以满足主体需要的客观属性,尤其是个人信息蕴含的商业使用价值早已被法律和社会实践证

---

① Arthur R. Miller, *The Assault on Privacy:Computers, Data Banks, And Dossiers*, 53 Minnesota Law Review 211(1968).
② Hal R. Varian, *Economic Aspects of Personal Privacy*, 15 in Information Age 36(1999).
③ Kenneth C. Laudon, *Markets and Privacy*, 39 Communication of the ACM 92(1996).
④ Pamela Samuelson, *Is Information Property?*, 34 Communications of the ACM 15(1991).
⑤ 林喆:《权利的法哲学——黑格尔法权哲学研究》,山东人民出版社 1999 年版,第 61-79 页。

明,在数字经济时代,个人信息蕴含的其他商业价值也会被挖掘和使用。其次,个人信息具有可支配性。主体可根据其自由意志对个人信息加以支配,个人信息和其商业使用价值符合作为财产权客体的一般构成要件,可以达到对其支配的目标。最后,个人信息具有稀缺性。个人信息具有的稀缺性特征可以从其价值和数量两个方面进行判断,在商业领域中个人信息的稀缺性更容易得到体现,信息的使用价值会随着使用主体的增加而减少。

企业根据收集到的用户信息所组建的数据库所产生的财产利益的归属权问题,在实务界和学术界一直都存有较大争议。目前多数国家学术界都主张将数据汇集分析后所产生的财产利益归于处理者,主要理由是企业在对数据进行加工和比对过程中付出了大量资金与技术智慧,由此形成的财产利益应当属于企业。企业的知识产权与个人信息权同属私权范畴,"私权利都存在限制,知识产权法律在经历曲折之后,逐渐形成了完善的权利限制体系"[1],虽然企业对于数据库的研发投入了大量技术与资金,但该个人信息汇集成的数据体形成的财产价值不仅包括数据分析中的投入,更多价值体现在信息与主体间的关联性,因而企业在收集和使用个人信息前应当征得主体同意,还需要在约定范围内使用个人信息,企业未经主体的同意不得向第三人出售或转让这部分信息,也就是说,商家的权利受限于个人信息权。信息主体可以阻止企业未经授权收集与使用其个人信息,但是无法强制企业对其个人信息进行开发利用。总之,主体的个人信息权与企业拥有的知识产权在个人信息领域中可以并存,不能因个人信息权否决企业所付出的资金与劳动,也不能因企业享有的知识产权而否定个人信息上的财产利益,在遵守法律和公序良俗的前提下,企业与个人都能够基于个人信息的使用而获益。

(三)财产权理论的一元模式与二元模式

个人信息蕴含的人格权属性毋庸置疑,围绕人格权是否可以分离出独立的财产权问题,英美法系和大陆法系国家分别选择了不同的模式加以规范。德国人格权理论的创始人之一基尔克提出这样的观点:"人格权中包含着或者自身会发展出财产权相关内容。"德国法院判例主张一元模式,即人格权中包含财

---

[1] 郑成思:《私权、知识产权与物权的权利限制》,载《法学》2004年第9期。

产性权能的理念。① 在 1968 年的"Mephisto 案"中,针对人格权中不可继承与转让的"与人身密切相关的人格权"以及可以继承和转让的、"具有财产价值"的部分进行区分,自此理论界逐步展开讨论并肯定了如姓名、肖像、声音等个人信息中的人格权具备财产价值。② 在 1999 年的"Marlene Dietrich 案"中,一元模式得到进一步推广,判决明确承认了人格权中的财产部分内容可以被继承,并主张由人格权对精神利益与财产权益进行统一保护,该案具有重要的划时代意义。与德国财产权包含于人格权之中的模式不同的是,美国无论是在司法实践活动中还是在成文法制定环节对于人格权的财产化都采用了二元模式,即公开权与隐私权部分各司其职,公开权负责维护主体的财产利益,而隐私权则负责保护精神层面利益。当权利主体的个人信息被商业化使用时,依靠消极防御方式的隐私权无法保护因授权商业使用而产生的经济效益。1954 年,美国学者尼莫(Nimmer)发表了一篇题目为《公开权》的论文,文章围绕公开权制度进行了讨论与相关理论建构。到目前为止,美国多个州已通过立法认可了公开权,同时因其具备继承性与转让性特征而被归入财产权范畴,③客体从与人格关系紧密的商业使用信息,扩展到能够被识别的一切个人信息。

一元模式和二元模式都源于司法实践活动,经过理论学说的论证与探讨得以发展,二者都认可人格权中财产权利的保护,这两种模式的主要区别体现为三个方面:首先,财产权是否被确认独立存在。在德国一元模式下人格权不仅包含精神利益还涵盖了商业使用中产生的财产利益,这部分财产利益只是作为人格权的权能之一,并不能够脱离人格权单独存在;④而在美国的二元模式下,认为财产权益不同于人格权并可以确认其独立状态,而人格权只负责调整精神层面的利益,并不涉及财产利益,财产利益应当由独立的财产权进行保护。其次,财产权是否能够独立行使。德国所支持的一元模式主张财产利益可以被继承,但财产权不能独立行使也不可被单独转让,主体可以将财产使用权能进行让渡,而作为使用权人不得与人格权进行对抗;在美国二元模式支撑下,主张财产权不仅可以被继承,还可以被独立行使与转让,当主体让渡其使用权能,使用

---

① 王卫国:《现代财产法的理论建构》,载《中国社会科学》2012 年第 1 期。
② 王泽鉴:《人格权法:法释义学、比较法、案例研究》,北京大学出版社 2013 年版,第 281 页。
③ 姜福晓:《人格权财产化和财产权人格化理论困境的剖析与破解》,载《法学家》2016 年第 2 期。
④ 王利明:《论人格权商品化》,载《法律科学(西北政法大学学报)》2013 年第 4 期。

权人不得对抗人格权与财产权。最后,财产权是否能够获得独立保护。在一元模式下,非经主体授权对其人格权进行商业使用的,侵权人基于此行为获取利益的,只能依此作为确定赔偿数额的参考,而财产权并不能单独获得保护;而在二元模式下,如果对权利人肖像、隐私等权利中的财产价值擅自使用,则侵权人获取利益或者权利人遭受的损失都可以作为确定财产损害赔偿数额的标准之一。

二、商业使用下的新型财产权利

在信息技术环境快速变化的时代,人格权与财产权之权利属性也正在发生改变,只要商业使用符合道德规范并顺应社会发展,信息主体就可以通过支配某些人格要素以实现商业使用的目的,同时私法自治原则也会对权利主体的行为予以尊重,即使权利客体不是财产,也不能否定权利所蕴含的财产利益。市场的蓬勃发展、商事规则的变化使商品的范围逐步扩大,在不违背法律基本原则与道德标准的前提下,就应当对其进行保护。在个人产品定制化的年代,商品或服务若与个人信息所拥有的识别力结合就会拥有独特的商业价值,这种被赋予了独特个人信息特征的产品能够为经营者带来收益。在信息社会中,每个人都会生成与自身密切相关的大量信息,这些信息勾画出了人们在数字世界中的倒影,能够准确地描述人们的基本特征、生活工作图景以及个人喜好。

信息技术时代随着精确定位追踪、在线行为广告以及云计算等技术的广泛应用,个人信息得到了充分的挖掘与使用,尤其是电子商务企业通过推送精准营销广告,吸引更多客户,节省了交易成本,广大用户从信息的流通与使用中受益。实践中只有那些具有正当性的利益主张才有可能成为法律权利的基础,因而,个人信息中所蕴含的财产利益只有经过正当性评价才可以成为个人信息财产权的现实基础。[①] 个人信息的财产利益正在被逐年增加的商事活动与数据交易体现,个人信息上的财产权利在向无形财产权的方向发展。[②] 美国劳伦斯·莱斯格(Lawrence Lessig)教授认为:围绕个人信息许可使用的财产利益,

---

[①] 李晓辉:《信息权利研究》,知识产权出版社2006年版,第110—111页。
[②] 王泽鉴:《人格权法:法释义学、比较法、案例研究》,北京大学出版社2013年版,第302页。

用户可以选择财产权的方式予以保护。① 有学者在对"正在出现的财产权"进行列举时,就包含个人信息财产权在内。② 正如布兰代斯和沃伦提出的:"个人的人身与财产权利应当被充分保护,而权利覆盖的范围需要根据经济社会的变化进行重新界定并不断承认新的权利。"③

个人信息财产权正是被互联网和信息技术推动产生的一种新型财产权利,是主体对其个人信息在商业化使用中围绕财产利益而享有的支配权。然而,个人信息财产权与一般财产权相比,其权利内容及实现方式有所区别,虽然主体享有报酬请求、收益共享等权利,但这些权利并非绝对排他的。此外,信息处理者对其处理与分析信息后所形成的数据库享有排他性知识产权,这时的财产权就会受到知识产权的限制。目前的信息财产权调整模式与价值理念各不相同,一元模式侧重于全面保护主体的人格权,二元模式则是确认财产权独立并间接保护人格权。就个人信息的商业使用而言,承载的人格利益毋庸置疑,财产利益是人格权的一项基本权能还是应当独立为一项单独财产权,归根结底是法的价值理念问题。个人信息的商业化使用应当对人格尊严与信息流通进行兼顾与平衡,侧重于全面保护人格权的模式虽然有助于个人尊严与自由的实现,但权利人的财产权益诉求无法得到有力支持,将人格权与财产权分别进行保护的模式更加有助于人格尊严和信息流通价值的实现。

近年来,国际组织与机构围绕个人信息蕴含的经济价值问题开展讨论,希望发现能够充分发挥个人信息价值的合理、高效的使用途径。还有学者指出,在互联网与信息技术飞速发展的时代,蕴含于个人信息中的积极商业价值应当得到重视与保护,确认个人信息权利应当依据其体现出的价值综合判断。个人信息财产权是赋予信息主体对其个人信息中的商业价值支配与决策权的一种新型财产权,在依托先进信息技术挖掘个人信息商业价值的环境下,"单纯的人格权保护模式已无法适应信息时代的发展需要,应当对个人信息中的财产权诉求予以充分考虑"。④ 在各种研究成果的推动下,个人信息保护理论内涵越

---

① [美]劳伦斯·莱斯格:《代码2.0:网络空间中的法律》,李旭、沈伟伟译,清华大学出版社2009年版,第248页。
② Hammond R. G., *Personal Property*, Revised Edition, Oxford University Press, 1922, p. 82.
③ Samuel D. Warren & Louis D. Brandeis, *The Right to Privacy*, 1 Kingston Law Review 66(1890).
④ 刘德良:《个人信息的财产权保护》,载《法学研究》2007年第3期。

发丰富,研究者在不断思考财产利益之内涵的同时,也在努力探索以更加全面的标准界定财产权理论在个人信息保护领域所起的作用。

三、个人信息财产权面临的行使困境

在实现个人信息的财产性权益过程中,个人信息的正常流通与合理估价也面临难度:首先,商家与数据分析机构对个人信息进行密切观察与记录,并利用数据技术对用户信息进行串联分析,再将这些信息转卖以获取利润,而存储于数据库中的信息又被再次提取分析,作为对个人行为的预测与分析,随着人们的生产生活与电子商务平台联系越发密切,由此产生的个人信息种类也会日益复杂和多样,而针对信息的分析手段会不断更新,对信息的利用也会越发全面和普遍。电子商务平台经营者以及服务应用等平台采集到用户的各类信息,如健康状况、购物偏好、财务信息、所处位置等数据后,对具有商业价值的部分进行提取。在激烈的市场竞争环境下,经营者或数据分析者获取对其经营有益的信息后,往往会排除其他经营者的共享,即时分享信息也是建立在对信息进行交易以获取利润的基础之上,而导致的结果就是市场中的其他竞争者将无法接触到这些具有商业价值的信息,使信息无法进行自由流转。其次,个人用户已在商家拟定的隐私协议中了解商家需要收集其个人信息、收集后的用途、是否与其他主体分享等内容,即便对其信息的用途已有充分认识,信息使用的频率、处理时所处的环境、创造的价值以及可能的用途等,信息主体往往无法进行精确的评估与预知。

个人信息财产权理论通过赋予主体财产权利,期望为个人信息提供全方位的保护,而现实状况是行使个人信息财产权依然面临着诸多困境。一方面,权利的行使受到市场环境的影响。目前个人信息的交易市场还有待完善,还是以需求方为主的买方市场,同时交易主体存在信息不对称和实力悬殊等现象。另一方面,财产权的实现受到细节规则的制约。个人信息交易市场在政策指引下能够逐渐形成公平透明的交易平台,并可以通过市场的自我调适功能逐渐完善,然而权利行使诸多细节还需要规划与设计,这都是实现个人信息财产权的重要支撑,规则内容应当具备合理性和可行性。

针对现有的信息交易环境,应当对市场进行分级。其中初级市场主要包括为达成合同订立目的、实现交易目的,主体将其个人信息授权给他人使用的情

形,在这种状态下,信息主体交付其个人信息的行为并不是对其信息商业价值的支配,这是达成合同目的和交易的前提条件,信息主体既没有行使财产权也未因其个人信息而获益。如果信息控制者想在收集目的之外使用信息,而再次获得主体的许可就要面临着诸多实际困难,可以将所有的个人信息进行分类后储存于交易平台,购买者通过交易获得特定范围、限定期限的个人信息使用权,如果需要再次使用信息时再借助平台进行交易即可。此种市场模式可能有助于信息主体财产权益的实现,但这种模式仍然需要对大量细节问题进行研讨与论证。

综上所述,我国个人信息保护制度的架构应以人格权理论为基石,明确隐私保护内涵,借鉴个人信息控制学说对于个人信息的核心价值观理解,承认处于经济社会领域的个人信息具有明确的社会价值。在不拘于单一理论的前提下,使我国个人信息保护制度既重视人格利益又关注财产利益内涵,在强化保护信息主体的私人利益的同时认同社会价值,推动个人信息在有序安全流通前提下的开发与利用。

第四章 欧盟、美国个人信息保护框架与改革

第一节 欧盟个人数据保护立法传统

一、立法背景与特点

(一)欧盟数据保护法的发展历史

联合国大会于1948年12月通过了《世界人权宣言》,其中第12条提出了对私人和家庭生活的尊重,这是首次在国际法律文件中对个人隐私进行的明确保护。受《世界人权宣言》的影响,1949年欧洲理事会成立,旨在团结欧洲各国并促进人权、民主与法治,理事会于1950年11月通过了《欧洲人权公约》,要求所有成员国都有义务遵守该公约,该公约第8条提出,尊重私人和家庭生活的权利。其中就包括对个人数据的保护。黑森州议会于1970年9月30日在德国威斯巴登颁布了世界上第一部全面的《个人数据保护法》,在此之后欧盟其他国家也相继颁布了数据保护法规,如瑞典(1973年)、奥地利(1978年)、丹麦(1978年)、法国(1978年)以及挪威(1978年)。在这一时期,人们普遍认为信息隐私法规是围绕公平信息实践准则(FFIPs)构建的,公平信息实践普遍存在于美国和欧洲,它定义了无论是公共部门还是私营部

门,处理个人信息所应遵守的核心义务。① 基于信息技术的不断涌现与进步,需要不断更新并增加对个人数据的保护,1981 年欧盟理事会签署了《关于个人数据自动化处理的个人保护公约》(第 108 号公约),该文件是第一个明确涉及数据保护的具有法律约束力的国际文件,除了管理个人数据的跨境转移外,该公约还制定了保护个人数据免遭滥用的最低标准。总体而言,欧盟的立法传统侧重于广泛地建立信息法的基本标准。②

(二)《数据保护指令》与《欧盟基本权利宪章》

1.《数据保护指令》(Directive 95/46/EC)

20 世纪 90 年代是欧盟范围内经济活动水平提升以及个人信息需求量普遍增加的时期,在还没有数据保护标准的情况下,欧盟内部的数据传输促使各成员国在保护其公民个人信息方面不断进行探索,各成员国综合分析了经济自由化背景下涉及的个人数据贸易,采用了多种监管方法以及协调一致的政策以保护公民信息自由。③ 但各成员国的不同标准威胁到欧洲境内的个人信息流动,例如,基于数据保护法和透明度要求的适用范围因各国法律而异,这对欧盟范围内的数据处理造成了冲突。作为回应,欧盟成员国寻求协调数据保护原则,并启动了一个为期 5 年的谈判进程,最终推动了欧洲《数据保护指令》的发布。1995 年 10 月,欧盟正式通过了《数据保护指令》,该指令包括《欧洲人权公约》第 8 条的核心内容,其目的是进一步保护个人与家庭在通信方面的隐私权与数据安全,同时也旨在使《关于个人数据自动化处理的个人保护公约》已包含的隐私权原则具有实质性并对其进行扩展与补充。欧盟指令是基于各成员国的法律规则的汇总,规则涉及全套国际公认的原则,每个成员国必须制定实施符合欧盟指令之标准的立法,并必须拥有一个独立的国家监督机构。

《数据保护指令》的主要目标是:(1)保护数据主体的基本权利;(2)保证成员国之间个人信息的自由流动。指令制定了欧盟成员国之间隐私信息的共同规则,旨在通过建立个人数据使用的最低标准来保证对基本权利的充分保护,

---

① Daniel J. Solove & Paul M. Schwartz, *Information Privacy Law*, 4th ed., Aspen Pub., 2011, p. 915.
② Purtova & Nadezhda, *Property Rights in Personal Data, A European Perspective*, Diss, BOX Press, 2012, p. 57.
③ Paul M. Schwartz, *European Data Protection Law and Restrictions on International Data Flows*, 80 Lowa Law Review 480(1995).

并有效协调各成员国之间的数据保护法,因而必须统一规则才能使欧盟内部市场可以顺利实现信息的自由流转与传输。该指令明确规定,如果一个成员国在该指令生效之前已经具有更高的保护标准,则可以保持该标准或只需要对现行法律进行修订。卢森堡的欧盟法院(CJEU)有权决定成员国是否履行了《数据保护指令》规定的义务,并对该指令的有效性和解释作出初步裁决,以确保其有效并在成员国之间统一适用。① 指令对欧盟成员国并没有直接约束作用,而是提供了一种适用范围较广的法律规范。

《数据保护指令》要求在欧盟范围内的企业遵守处理和转移消费者数据的具体规则,并进一步授予这些消费者对其个人数据的控制权,如获得有关数据收集与处理相关信息通知的权利,对数据信息的纠正或删除的权利;同时该指令对收集消费者数据的公司与组织施加了具体义务,要求公司应当采取足够的安全措施以保护个人信息,公司只能将数据传输到具有"足够保护水平"的其他国家,这意味着当欧盟内公司将个人数据传输到其他国家或地区以使用第三方服务时,需要确保该第三方公司实施同等水平的隐私和安全措施。自通过《数据保护指令》以来,欧盟不断通过其他补充指令,以进一步解决新技术发展造成的个人信息收集和使用问题。指令提供了成员国必须广泛实施的规则框架,并提出了八个主要原则:(1)目的限制;(2)数据质量;(3)数据安全;(4)敏感数据的特殊保护;(5)透明度;(6)数据传输;(7)独立监督;(8)个人数据的补救措施。

《数据保护指令》还包含有关国际数据传输的重要规定,而这种域外方法也是欧盟法规的共同特征,当个人数据流向欧盟之外的其他国家时必须保证适当的保护水平,或者应采取其他特殊预防措施。《数据保护指令》第29条建立了数据保护工作组,该工作组独立于欧洲议会和委员会,由来自所有欧盟成员国数据保护机构、欧洲数据保护主管机构和欧洲委员会的代表组成,负责对数据保护工作提供咨询,工作目标包括就数据保护问题向欧洲委员会提供专家意见,推动建立统一的数据保护体系,并为企业信息处理建立了事实上的国际基准,正如2003年的《华尔街日报》指出的:"欧盟的隐私规则越来越多地影响着

---

① Kuner C., *European Data Protection Law: Corporate Compliance and Regulation*, Oxford University Press, 2007.

企业在全球的运营方式。"

2.《欧盟基本权利宪章》(2000/C 364/01)

2007年12月,欧洲理事会通过了《欧盟基本权利宪章》,其核心主旨与《欧洲人权公约》保持一致,对欧盟成员国和欧盟机构具有法律约束力。这份单一文件汇集了欧盟所有受保护的基本权利,由于欧盟认识到其数据和隐私政策与人权领域的相互作用,这些隐私概念也被纳入《欧盟基本权利宪章》。《欧盟基本权利宪章》明确规定个人数据保护在欧盟范围内是一项重要基本权利,然而个人数据受保护的权利并不是绝对的,必须结合其在社会中的作用来综合考虑。此外,就《欧盟基本权利宪章》的范围而言,欧盟理事会可以对《欧盟基本权利宪章》第7条和第8条所规定的权利行使施加限制,这些限制必须符合法律规定,在符合比例原则的前提下,真正实现《欧盟基本权利宪章》所承认的普遍利益目标。欧洲共同体建立条约的最初目标是实现一个信息保护与信息流通的统一市场,为了实现这一目标,欧盟一直寻求保护商品的自由流动,并推动商业服务的发展以及资本的自由流动,而免费的个人信息流动在实现这些任务方面发挥着重要作用,一些被描述为"欧洲标准"的数据保护法正在成为世界上大多数国家的数据保护立法框架。

二、适应新技术环境的立法改革

(一)新数据保护框架提供的保护与机遇

欧盟在当代经济发展的个人数据保护基本原则受到数字技术发展及其对商业和日常生活的影响,这些影响包括获取的数字商品和服务,网络和服务得以发展的环境以及可以充分挖掘新市场潜力的经济与社会环境。由于数据共享和收集方面的技术发展、《数据保护指令》规则的执行标准不一致、数字环境中商品与服务的自由流动、新技术引起的隐私问题的演变以及数据保护规则的改革等因素,现有规则和数据保护实践不断受到挑战,而这些都被认为是实施欧盟主要项目"数字单一市场战略"的重要前提条件。2012年1月,欧盟发布了一项新的数据保护提案以取代1995年的《数据保护指令》;2015年12月15日,欧洲议会、理事会和委员会就新的数据保护规则达成共识,在整个欧盟范围内建立了现代化和统一的数据保护框架;2016年4月欧盟通过了《通用数据保护条例》,该条例对所有成员国具有法律约束力,新规则的主要目的是协调欧盟范围内的数据信息流通与保护,推动成员国间数据保护目标的实现,加强公民对其个人数据的控制,并简化企业的监管环境。

数字经济是全球数据保护的核心内容,《通用数据保护条例》将对所有在欧洲内外持有或使用欧洲个人数据的企业产生影响,企业如果不遵守该条例将会面临重大的经济处罚,该条例第17条正式明确了2014年5月欧盟法院有关谷歌西班牙公司的案件中提出的被遗忘权——如果企业使用的信息被认为是对个人数据的侵犯,应当将相关个人信息从搜索引擎的结果清单中删除。《通用数据保护条例》于2018年5月正式生效,致力于推动对个人数据的保护,并提供直接适用于成员国的单一规则,以加强消费者的信息安全,并保证成员国间的个人数据自由流动,这也是实现真正的数字单一市场不可或缺的两个核心要素。该条例为国际数据传输制定了更明确的规则,也为规模较小的企业与公司开辟了新的机会,并提供了比之前更强大的数据保护基础措施,对于信息控制者与处理者提出了更多的责任、更高的标准和透明度以及明确的报告要求。[①]

(二)《通用数据保护条例》对企业施加的主要影响与变化

欧盟《通用数据保护条例》于2018年5月生效,以应对目前与个人数据保护相关的挑战并协调整个欧盟的数据保护,该条例中增加了针对数据控制人的新义务:

第一,数据控制主体应当提供透明且易于理解的个人数据处理信息,还应提供必要的程序和机制以便强化数据主体的权利。控制主体应在指定的日期内对数据主体的请求作出响应,并及时提供拒绝信息主体请求原因。该条例要求控制者采用数据主体可理解的方式,并使用清晰和通俗的语言提供必要的信息和交流。该条例尤其声明如果个人数据是通过数据系统自动处理的,数据控制人员必须以电子形式发送请求并提供相应的信息。信息管理人员必须在要求的1个月内回复数据主体并提供所要求的信息,如果拒绝相应请求则必须告知拒绝的理由。

第二,管理者应当在数据处理操作之前进行数据保护评估,这种评估会因

---

① Simon Davies, *The Data Protection Regulation: A Triumph of Pragmatism over Principle*, 2 Europe Data Protection Law Review 290(2016).

数据的性质、范围或目的而给数据主体的权利和自由带来特定的风险。评估至少包括以下内容：对设想的处理操作和处理目的的一般描述、处理操作对于目的的必要性和相称性、对个人数据的保护符合该条例所规定的安全措施和机制。

第三，数据保护机构和数据主体都必须在发生严重数据泄露的情况下接到通知。公司需要规划和建立清晰的流程，以便能够对可能出现的违规行为作出快速反应并处理它们。实施这些措施可能需要改变公司当前的信息系统。应该考虑如何使数据主体能够快速了解这些具体流程，由于该条例授权监管当局对违规公司实施制裁，所以公司需要审查其流程和隐私保护措施，以确保合规并避免制裁。该条例与《数据保护指令》的不同之处在于增加了违规行为的金额制裁规模，企业的严重违规行为可能会受到其全球营业额的4%的罚款。① 根据该条例规定，因侵权行为对数据主体造成的损害，无论是数据控制者还是处理者都应对损害负责。

第四，《通用数据保护条例》对个人数据密集型企业的隐私保护技术措施以及业务战略和政策的制定有直接影响。该条例的规定与企业发展有着密切的联系，企业需要制定战略规划、实施员工培训以及配备相应的财务和人力资源来落实这些要求，该条例实施导致的关键变化与影响包括如下方面：制定数据需求和用途、考虑国际范围内数据处理的条件、通过设计的数据保护来构建隐私安全、证明数据的收集与使用符合该条例要求、开发处理数据泄露的流程、对违规行为进行制裁、指定数据保护官（data protection officer，DPO）、向数据主体提供信息、获得个人数据使用的同意、确保个人数据被遗忘的权利和可移植性、采取措施对数据文档进行维护。考虑到这些要求，公司可以实施适当的政策、程序和流程，规划其个人数据保护改进行动。②

随着立法技术的发展与进步，个人数据服务系统使用日益增多以及企业在其业务运营中对个人信息使用频率增加，该条例将在不断变化的信息技术环境

---

① Victor J. M., *The EU General Data Protection Regulation: Toward a Property Regime for Protecting Data Privacy*, 123 Yale Law Journal 513 (2013).
② Christina Tikkinen-Piri, Anna Rohunen & Jouni Markkula, *EU General Data Protection Regulation: Changes and Implications for Personal Data Collecting Companies*, 34 Computer Law & Security Review 134 (2018).

中保障主体相关权利,但个人数据收集技术及数据利用方式会在未来进一步发展,企业应对个人信息保护需求的变化保持关注并找到解决方法,持续评估当前个人信息的管理和使用实践,企业可以主动适应立法变化,实施新要求并应对挑战,在各自领域获得竞争优势。

三、对控制理念与同意要求的强化

在欧盟过去几十年的政策文件中,主体应当对自己的数据进行有效控制的理念已经成为数据保护领域所采用的关键表述,控制理念也被提倡作为保护隐私和实现数据主体权利的重要工具。控制的概念在欧盟的各类文件中都有提到,包括数据保护领域的立法文件、专家的意见以及调查材料等,在多数文件中,控制的概念采用了数据主体可以行使的具体权利这一表述。2012年发布的《互联世界下的隐私保护——面向21世纪的欧洲数据保护框架》是欧盟数据保护框架改革工作的一部分,文件明确指出在新的数字环境中,个人有权享受对其个人信息的有效控制。文件还提到数字环境变化所引发的问题,立法与监管部门缺乏协调,个人数据收集量的不断增加导致公众对其个人信息失去控制。根据对现有数字环境的描述,法案的主要目标之一是为人们提供有效和可操作的手段,以确保他们充分了解其个人数据被如何使用以及可能发生的变化,并使他们能够更有效地行使权利。为了实现这一目标提出了一套规则,包括提高个人控制数据的能力、改善行使权利的方式、加强数据安全以及处理数据的责任。

欧盟委员会在2012年发布了《控制您的个人数据》,文件以手册的方式借助简明的口号、绚丽的字体和图片,试图向公众传达核心信息:欧盟正在提出改进措施,以加强对用户信息的在线保护,立法旨在推动主体掌控自己的信息并保护个人数据。实际上,除了授予数据主体具体权利之外,还提到了相关组织或技术工具以促进对个人信息的控制,包括有效的联络渠道、默认情况下的隐私设置(允许用户更改隐私设置)、在数据丢失或被盗的情况下通知数据保护机构等。

欧盟发布的不同文件体现出对于个人数据保护倾向于采用隐私框架与加强控制的数据保护模式。一方面,控制的概念是指个人通过自主选择决定其个人数据如何使用的能力,这种方式旨在帮助数据主体在数字环境中塑造自己的数字生活形象。另一方面,个人在数据领域的控制权利虽然是欧盟数据保护框架设计中的重要决策因素,但控制的概念早已不局限于严格的个人主义方法。对于监管机构而言,必须为数据主体建立一套可靠和安全的框架性措施,这样才能帮助数据主体实现对其信息的控制,而以这种方式构建的对个人数据的控制不仅是签订合同中的个人谈判以及当事人意思自治问题,同时也会受其他因素的影响,如安全技术措施、隐私默认设置、数据控制器的责任以及隐私影响评估等。基于控制的目的可支持三类权利:(1)透明度的增加,即数据主体有权知悉其个人信息处于何种状态;(2)"主动权利"则表示主体同意、修改或删除数据的权利;(3)"消极权利"则是拒绝数据在未经授权情况下披露的权利。

人们在社会中的行动与交易是在独特的社会技术背景下进行的,这意味着对数据主体控制权利的理解不可能脱离社会与集体维度。一方面,在数字环境中,技术设备在很大程度上决定了控制的执行力度,这些技术设备会影响行为人作出选择以及确定行动的能力,而提供了更加透明和精细化控制设置的信息管理技术并不一定能解决用户的问题;另一方面,仅仅基于当事人经协商后在合同中约定的内容以实现对个人数据的控制,忽视了行为者之间潜在的权利关系以及信息管理行为对个人的影响,要真正实现数据主体对其个人信息的控制则需要在数据主体、公共机构以及企业之间设想或创造出新的合作模式,并使风险与责任能够更加均衡地分配。欧盟立法者充分考虑到各方存在的信息不对称的情况,不断摸索新的方法以实现对数据的有效控制。[①]

信息主体的同意是控制其信息的重要保障手段,也是信息控制者能够处理信息的重要前提,欧盟委员会在起草的各类文件中以更为严格的方式规定了同意原则。一直以来,信息主体的同意都是欧盟数据保护方法的基石,而从基本权利的角度来看,同意原则通常被认为是个人控制数据处理的最佳方式。[②] 同意在帮助数据主体实现对其信息的控制方面起着关键作用,但并不是唯一的方法,欧盟委员会还旨在为个人提供被遗忘的权利,以加强信息权利。在确权保护之外,欧盟委员会寻求通过额外规则以加强对信息的控制,这些规则与授予

---

① Christophe Lazaro & Daniel Le Metayer, *The Control over Personal Data: True Remedy or Fairy Tale?*, 3 Computer Science 314(2015).

② C. Goodwin, *Privacy: Recognition of a Consumer Right*, 10 Journal of Public Policy & Marketing 149 (1991).

数据主体权利的方式不同,主要包括:(1)加强国家数据保护部门的独立性,在权利受到侵犯时加强行政和司法措施;(2)鼓励使用隐私增强技术、隐私默认设置和隐私认证计划来加强安全措施;(3)增加问责制,对参与风险处理的组织进行数据保护影响评估。

第二节　美国隐私保护模式与发展趋势

一、美国隐私保护法案

美国隐私政策围绕互联网发展特点而制定,力求维护和扩大互联网,使之成为自由表达、有序组织和互动以及商业开放性的全球空间。一些评论家认为,与欧盟相比,美国的隐私保护方法是由商业利益驱动的。[1] 有学者指出:"数据收集是美国商业网站的主要活动,约92%的企业收集用户个人数据进行汇总、分类和使用。"[2]在形式和实质层面上,美国在信息隐私保护方面选择了与欧盟不同的道路。美国的信息保护模式能够使企业相对自由地尝试新的数据处理方式,在这种环境下,拥有先进技术的企业能够测试并推动新的信息保护手段与方法,虽然企业也会受到法律的监管,但多数企业能够自我决定如何实施数据保护。美国的信息保护立法只是其隐私政策的一个组成部分,但仍然扮演着较为重要的角色,早期制定的针对各行业的隐私立法并不适用于在线信息的保护,随着网络技术的发展和在线信息流通量的增加,立法也在不断调整与改变,同时因不断增加的在线隐私问题而发展的判例法也成为信息保护的重要保障。托马斯·J.斯梅丁霍夫(Thomas J. Smedinghoff)在他的文章《定义信息安全法律标准》中指出,有关信息安全的法律在定义数据保护的标准方面是一致的,每项法律都以"安全是一个过程,而不是一个程序"为标准来处理数据保护问题,因此这些法律并没有严格规定"合理安全"的要求,数据保护法已经制定了"面向过程"的法律标准,这意味着在特定场景下需要确定并执行合理的

---

[1] Joel R. Reidenberg, *E-Commerce and Trans–Atlantic Policy*, 20 Houston Law Review 717(2001).
[2] Scott R. Peppet, *Unraveling Privacy, The Personal Prospectus and the Threat of a Full–Disclosure Future*, 105 Northwestern University Law Review 1153(2011).

措施以实现预期的安全目标。① 消费者希望能够在线保护他们的信息隐私,拥有控制其信息被收集、使用和分享的能力,目前适用于个人信息保护的立法框架由适用于各部门和行业的法律组成。

(一)美国隐私法的缘起与发展

早在 1890 年,布兰代斯与沃伦撰写的《论隐私权》一文发表于《哈佛法律评论》上,文章呼吁普通法认可隐私权的独立权利性质,文章在当时具有开创性意义,其基本理念是将隐私权定义为"独处的权利",是人格权的一部分以及人类重要价值的缩影。在 20 世纪中期,美国社会经济环境的重大变化引发了日益严重和复杂的隐私问题,有学者提议建立全面的隐私保护法,构建并完善从政府到个人的多层次公民隐私权。② 1939 年美国《侵权法重述》首次承认隐私权的独立权利地位。1960 年,学者普罗瑟在其著作中区分了隐私侵权的主要类型:行为侵犯了私人空间事务、擅自公开他人私人事务、公开个人信息以丑化他人形象、为私人利益而使用他人姓名或肖像。③ 1976 年"沃伦诉罗伊案"成为宪法加强隐私权保护的标志性案件,首次承认了宪法上的隐私权包括信息隐私以及自决隐私。在此之后美国陆续制定了诸多成文法以调整信息的收集、使用及传播等问题。

随着社会科技水平的提升,信息技术在飞速发展的同时也在被全方位应用到经济生活、政府工作以及私人生活中,在这种背景下,政策制定者也开始再次审视与评价先进的信息技术对个人隐私的影响。公平信息实践原则首次正式出现在美国联邦政府卫生教育福利部 1973 年的一份报告中,这份题为《录音、计算机与公民权利》的报告,针对数据系统所引发的一系列问题展开了详细的论证与分析,报告中提出应当为信息的使用建立相应保障措施即"公平信息实践原则",该著名原则成为信息保护制度的基石,在有关个人信息保护的基本措施与手段上进行了清晰和明确的规定。1974 年出台的《隐私法》主要内容与基本原则都是依照"公平信息实践原则"制定的。《隐私法》对政府机构处理个人信息提出以下要求:(1)仅收集目的相关和必要的个人信息;(2)保持信息的

---

① Thomas J. Smedinghoff ,*Defining the Legal Standard for Information Security*,Securing Privacy in the Internet Age 19(2008).

② Prosser W. L. ,*Privacy*,48 California Law Review 383(1960).

③ Prosser W. L. ,*Privacy*,48 California Law Review 383(1960).

准确性；(3)建立保护信息安全的手段与措施。《隐私法》首次提出了公平信息实践原则，确定了政府机构在信息系统中对个人信息的"收集、维护、使用和传播"的规则，目的是通过要求各机构采取措施，为个人提供隐私安全保障，具体措施包括允许个人控制其被收集的信息，获得对该信息的访问权，为合法目的收集信息并确保信息的更新和准确。[①] 除了建立公平信息实践原则之外，该法案禁止在没有个人书面同意的情况下披露个人的身份信息，并为个人提供可以根据需要访问和修改个人信息记录的方法。

(二)围绕特定行业的隐私立法

除专门的隐私立法之外，美国还制定了针对市场特定部门与行业的法律，以规范企业的数据收集与使用，几乎涵盖了所有相关的部门。其中涉及商业部门信息保护的法律包括：《公平信用报告法》《有线通信政策法案》《健康保险流通与责任法案》《儿童在线隐私保护法》《金融服务现代化法案》《联邦贸易委员会法案》等。

1970年4月生效的《公平信用报告法》是第一部旨在规范私营企业在未获得个人同意的情况下使用个人信息的联邦法律，该法对美国的数据保护系统尤其重要，因为其提出的获取信息的"通知—同意"模式为现代隐私立法打下了重要基础。该法案允许信用机构提供包含个人信息的信用报告，以确定个人是否有资格获取信贷、保险、就业机会等，但该法案要求信贷机构采取合理措施确保个人信息的准确性、相关性以及信息的正确使用。该法案通过允许客户改变对信用机构的授权范围，使用类似缔结合同的数据保护方法处理数据隐私。这部法律首次对征信机构的业务职责范围进行了确定，并要求其向全国范围提供公开的服务，在个人信用信息权益保护方面具有重要意义。该法案采取的具体措施是督促信用报告机构在收集信息时更加准确和公平，通常信用报告机构收集的信息多用于形成征信报告、调查雇员从业背景等方面，这些数据分析报告与调查结论可能会泄露个人信息并对个人的工作生活造成负面影响，该法案规定在形成报告时如果会对当事人造成不利影响，信用报告机构等需要尽到必要的告知义务，通过此种方式可以在某种程度上限制对此类信息的使用。

---

① Gellman & Robert, *Fair Information Practices: A Basic History*, 5 SSRN Electronic Journal 543 (2014).

1986 年通过的《电子通信隐私法案》开始对政府获取电子数据的方式作出规定,随后又不断修订以保护处于传输和储存状态的数据。该法案的第一章旨在保护个人通信活动不受政府监视,禁止政府部门和企业对个人信息未经授权的监听。经修订后的第二编"存储通信法"主要侧重于保护服务提供商存储的有关用户隐私的文件内容,如用户名称、消费记录或 IP 地址等,关注静态存储信息的访问,如该法案规定:如果电子通信记录储存于账户中超过 180 天,服务提供商必须在法院出示传票时向政府披露通信内容。如果存储时间少于 180 天,政府可以通过获得搜查令获取数据信息①。该法案的目的是在新信息技术被广泛应用的社会经济背景下,对隐私权的标准与范畴进行界定,并对保护范围进行扩展。

1997 年美国颁布了支持电子商务发展的《全球电子商务框架》,确立了电子商务活动的基本框架,是美国政府电子商务发展的纲领性文件,由电子商务工作组进行年度审议并就电子商务活动情况进行报告。该框架侧重通过明确个人知悉收集信息的原因、计划使用的信息、将采取哪些措施保护信息、提供或保留信息的后果以及采取何种补救权利等相关信息的披露,使消费者能够更好地判断企业采取的隐私保护级别以及自身参与的意愿;该框架进一步指出,为了促进互联网数据流转的畅通无阻,积极加强和商家的对话与交流,以建立围绕行业开发和市场驱动机制的隐私解决方案,提升消费者对数据处理的满意度。为了实现这一隐私保护目标,在 20 世纪 90 年代中期美国商务部努力敦促企业发布隐私声明,用户个人可以通过企业发布的隐私声明,决定是否与企业展开交易或者是否选择其提供的商品或服务,隐私保护策略可以作为企业间品牌差异的重要评价因素,那些以负责任的方式收集、使用个人信息的企业往往具有更强的吸引力。

1999 年的《金融服务现代化法案》要求金融机构向客户提供其信息共享的相关内容,并有机会选择不向第三方披露某些个人信息。《金融服务现代化法案》要求金融机构为每个消费者提供隐私声明,解释他们从消费者那里收集哪些信息、哪些信息将被共享、共享后如何使用这些信息,以及如何保护信息不被

---

① Reema Shah, *Law Enforcement and Data Privacy: A Forward - Looking Approach*, 125 The Yale Law Journal 543(2015).

进一步传播。此外,隐私声明中必须披露消费者选择退出以及是否与非关联方共享信息的权利。该法案采用强制性合规要求,无论金融机构是否选择披露其非公开信息,都必须制定在合理范围内可预见的相应措施以保护用户信息完整性和免受安全威胁。

1914 年美国《联邦贸易委员会法案》通过,该法案长期以来侧重于保护消费者权利,由于数据环境的变化,该法案第 5 节侧重于规范商业部门并确保数据隐私安全。联邦贸易委员会声称"未能提供适当的信息安全本身就是一种不公平的贸易行为"。该法案第 5 节被用来制止一些危害信息安全的行为,在应用于保护消费者数据的同时还负责监管用户计算机上下载的软件所进行的操作。

联邦贸易委员会于 1999 年 10 月发布了实施《儿童在线隐私保护法》的细则,适用于在线收集个人信息的行为,重点保护儿童个人信息免受商业网站侵犯,它要求网络运营商在收集和披露儿童的个人信息之前应遵守通知要求并获得儿童父母的许可,确保对这些信息可以进行修改与更正,未成年人签约行为须由父母代替作出决定,同时还应保证儿童信息搜索与言论发表的权利不受负面影响。

(三)州立法

美国各州普遍制定数据保护法规以进行隐私保护,明确了企业在消费者信息安全受到侵害时的通知义务,并应当为个人信息提供安全保障。2018 年 6 月 28 日,加利福尼亚州颁布了《加州消费者隐私法案》,法案于 2020 年 1 月 1 日生效。该法案旨在加强保护消费者隐私权以及数据安全,主要条款包括:企业必须向消费者披露所收集的信息、收集信息的商业目的、与企业共享信息的所有第三方主体;企业须应消费者的要求删除已收集并存储的相关信息;消费者可自主选择是否出售他们的信息,对于那些允许企业收集其个人信息的消费者,企业可对其提供"财务激励";加州政府有权对违法买卖或分享个人信息的企业予以罚款。自该法案 2020 年正式生效开始,存储超过 5 万人信息的公司应允许用户对于其被收集的信息随时要求查阅或删除、拒绝将数据出售给第三方,企业必须严格为用户行使权利提供平等与便捷的服务。

(四)执法与监管模式

美国联邦贸易委员会和商务部的任务是负责监督执行各法律框架,还在与商业和贸易相关的范围内对在线隐私行为进行监督与管理,但委员会的局限性在于它没有独立的权力强制执行数据保护,其行为必须要有法律依据,除非信息收集者没有按照政策要求开展相关活动,否则委员会不能阻止数据的收集和分享。此外,联邦贸易委员会制定了支持在线行业自我监管的举措,用于加强相关行业数据收集的透明度,并推进使用"不跟踪"机制以及提供数据收集的选择退出条款。"不跟踪"机制允许消费者可以自主选择停止企业跟踪其信息的活动;选择退出条款则是给予消费者选择权,不再同意企业获取和使用他们的个人信息。联邦贸易委员会有权根据《联邦贸易委员会法案》执行具体行动,虽然该法案并没有明确授予委员会隐私保护的权力,但其他政府实体可依据法案授权委员会对违反政策并欺骗消费者的企业处以罚款。实践中,委员会不可能监控每个网站,由于收集数据公司数量众多,同时执法环境也较为复杂,通常只有规模较大的数据处理第三方或违反政策最严重的才会被追究责任。在隐私保护领域,美国商务部也发挥着监管作用,还有国家电信和信息管理局、国际贸易管理、国家标准与技术研究院和互联网政策工作组协助进行数据保护工作。

二、《消费者隐私权利法案》

2012年美国发布了名为《网络环境下消费者数据的隐私保护:在全球数字经济背景下保护隐私和促进创新的政策框架》报告,并指出该框架的核心是针对消费者个人信息保护,法案明确规定了消费者个人信息保护标准,其中包括消费者对其个人信息的控制,有权获得简单易懂的有关信息安全的信息,有权知晓企业收集的具体信息以及对其资料的查阅与更正权利等。法案不仅采用法律术语对隐私构成进行描述,更加关注信息的"易于接受与准确性",要求企业在合理限度内收集与使用用户信息,同时法案还借鉴了公平信息实践原则,以更好地适应快速发展的网络技术环境并加强信息保护能力。2015年2月,《消费者隐私权利法案(草案)》(CPBR)政府讨论稿正式发布,法案确认了一系列消费者权利,告知消费者应对处理其个人数据的企业抱有何种期待,帮助其认识到在网络化社会进程中有责任保护自身隐私。

(一)个人控制、透明度与情境一致原则

《消费者隐私权利法案(草案)》明确规定企业应当赋予消费者选择权以实

现对其信息的有效控制,当信息的处理与传播可能对消费者造成影响时,即便是第三方主体在处理个人信息的过程中也应当给予消费者选择权,收集数据的企业同时也需要承担相应的义务。法案要求获得批准的企业和数据经纪人应采取安全措施以保护唯一标识符信息以及可用于识别主体的其他特定信息。法案还要求执行以下操作:将企业在收集、使用、转移和储存此类信息方面的做法及时通知信息主体;在未经消费者授权使用其信息或第三方将该信息用于广告或营销时,可以为消费者提供一种选择性同意机制,为消费者提供访问他们信息的权限,以便他们可以对其进行更新以保持准确性。此外,法案要求企业提供明确易懂的信息收集通知,目前诸多的隐私协议包含的通知位于网页的底部,人们基本不会细致阅读,但企业有责任为消费者提供尽可能简单的服务,所有这些内容都将有助于消费者保护他们的信息。

上述法案为个人消费者提供对其个人数据的更多控制权,对于收集哪些数据、存储什么数据以及如何使用数据可实现有效的控制。消费者不仅应当享有更为便捷、高效地撤销授权的权利,还应享有同样简便、易行的操作方式。透明度是指消费者有权以简洁且易理解的方式获取隐私安全的相关信息,这要求企业为消费者提供一种简单易行的方式来查看收集的数据类型和收集目的。情境一致是指企业对个人信息的使用方式与目的应当与其在信息采集阶段所说明的目的保持一致,同时还不应超出消费者的合理预期,信息的处理应以采集时许诺的目的为限。如果对信息的使用超出了所使用的特定目的,企业应当及时说明并就超出目的的使用取得消费者的同意;当企业在处理信息过程中出现了情境不一致以及不符合消费者合理期待的使用和处理行为时,要征求并获取消费者的同意,具体的同意通知应当可以在正在使用的应用程序上阅读,同时还不能影响消费者获取企业的服务。

(二)安全原则与问责制

安全原则是指企业在使用消费者个人信息过程中,应结合评估潜在的隐私风险与安全隐患,采取恰当有效的安全措施对可能出现的如信息非法获取与使用、不当篡改,未经许可或超出范围的信息公开、信息泄露等风险进行防范,企业应当及时采取或完善安全防范措施以确保其对用户信息的保护措施符合法案的要求,为使企业内部数据管理人员在合规的前提下使用个人信息,企业有义务对职工进行信息安全培训并定期开展考核与评估。此外,为了保证企业在合理范围内使用信息,当需要将个人信息向第三方进行披露时,企业应当确保该第三方能够有效遵守法案中的义务,法案在有关企业内部员工行为控制、数据使用流程与方式监督、向第三方披露信息等方面,对问责事由进行了具体详细的列举,使问责制度更加具体和明确。①

《消费者隐私权利法案(草案)》对"公平信息实践原则"进行了充分借鉴,为了推动数据的使用方式符合消费者的合理预期,法案还提出了情境一致原则,为信息控制者和处理者制定了更为具体的要求与标准。法案并不严格约束企业必须遵循条令,而是赋予企业决定如何实施这些条令的权利。法案充分关注消费者个人信息的保护,强调并提倡事后问责与企业的自律,基于信息技术的快速发展与进步,应当不断保持法规的进步与创新,指引利益相关者积极参与行为准则的制定活动,为适应复杂多变的商业环境提供更为明确具体的规范指引。草案在推出后引发了诸多评论,有学者指出法案并未给予主要网络监管机构制定具体规则的权利,反而授予了在各种终端、软件应用、社交媒体收集用户信息的互联网企业更多的权利;信息技术产业相关企业则高度评价上述法案,认为该法案真正推动了用户隐私保护与数据收集方面重要问题的解决,如数据优先使用权问题、评估风险与收益以及建立隐私审查委员会监管企业在法律允许范围内的数据收集与使用等。

三、行业自律规制模式

(一)行业自律与企业自我约束机制

美国长期以来强调依靠市场力量解决经济社会发展中面临的挑战,主张根据市场发展需要决定行业内部运行规范,政府往往担任着潜在规则制定者的角色,只有在市场失灵时进行适当的干预,在隐私保护领域也注重采用多种形式的自律规制。1995年7月,美国政府信息基础设施特别工作组(IITF)中的隐私保护工作小组,发布了《个人隐私与国家信息基础设施:提供与使用个人信息的基本原则》报告,报告正式提出了在收集使用和处理个人信息过程中的一整套基本原则。报告不具有法律效力,但体现了政府在个人信息保护领域的基本立场,也成为行业自律与企业自我约束规范的指导标准。1997年7月《全球

---

① 李明:《大数据时代美国的隐私权保护制度》,载《互联网金融与法律》2014年第9期。

电子商务框架》报告发布,明确提出支持各类商业机构构建以行业与企业内部规范为基础的、有效保护客户隐私权的制度。美国联邦贸易委员会在1999年的一份报告中也提到,完善行业与企业自律机制应当是网络环境下消费者隐私保护的有效解决方案。

美国在制定各行业隐私立法的同时,主张由商事组织自我规范对消费者隐私的保护,企业应当承担起电子商务发展的责任并实施相应的隐私政策,联邦贸易委员会负责保护企业和消费者的经济利益,它提倡对商事主体实行自我监管,将其作为消费者法律保护的重要组成部分。在互联网与信息技术飞速发展的时代,商业机构能够更好地为消费者提供最新动态的保护方案。根据新技术的发展,企业也可以根据本行业发展特点挖掘新的保护方式并减少技术的滥用,由企业衡量并决定产品的性能与服务的标准,这可以增加消费者对互联网与信息技术的信任。美国在个人信息保护领域的行业自律模式主要采用各种行业规范,目标在于实现信息的自由流动与信息保护之间的有效平衡,行业寻求保护个人信息以获得消费者信心和最大化利润,行业自律方式主要包括行业指引与规范、在线隐私认证计划、技术选择保护等。

(二)在线隐私认证计划

在美国有代表性的基于网络的消费者隐私法律保护认证计划,这些跨行业的在线隐私认证计划以TRUSTe[①]、BBB[②]online以及AOL[③]为代表,由认证机构对提出申请的主体进行全面审查,授予愿意遵守行业隐私保护规则的企业在线协议证书。为符合要求的在线运营商提供确认证书的目的是让消费者和商人之间在互联网交易中建立起用户的信任。认证机构向网站提供的许可证标识以及特别证书表明他们对该网站的支持和充分信任。TRUSTe的概念来自电子前沿基金会和商业网联合会1996年的一项倡议,基于用户有权了解协议以及没有一个隐私原则能够满足所有场景,该倡议认为在线运营商需要一个授予其特殊信任的符号,成为网站"信任的象征"。TRUSTe在商业领域提供相应

---

① TRUSTe是1997年由美国商业网络集团与电子前沿基金会共同组建的非营利性组织,官方网站:http://www.truste.com。

② 北美商业改进局(Better Business Bureau,BBB)成立于1912年,是一家不隶属于任何政府机构的私营非营利性组织,官方网站:http://www.bbb.org。

③ 美国在线服务公司(AOL)是美国最大互联网服务提供商之一,公司主要提供在线新闻推送、电子邮件、娱乐服务等。

认证服务以实现对消费者隐私的控制与保护,并成为在线运营商自律的工具。[①] 另外,在线经营商还应当遵循可靠性准则以满足信息保护的具体要求:(1)提供关于其实际位置的信息;(2)其业务经营 1 年以上;(3)有完善的消费者投诉处理制度;(4)接受与儿童广告内容与赔偿有关的在线广告规定;(5)快速对消费者的投诉作出答复;(6)在消费者提出要求时及时回应并解决纠纷。

(三)隐私偏好项目平台

麻省理工学院蒂姆·伯纳斯 – 李(Tim Berners – Lee)教授,于 1994 年 10 月发明了万维网,并制定了隐私偏好项目平台(Personal Privacy Preference Platform,P3P),通过该项目网站提供商和互联网用户可以就隐私偏好达成协议,用户拥有可以在该软件的选项中设定其隐私偏好的选择权,可以基于此形成一个网络服务商与用户在个人信息方面的电子协议。项目涵盖了在线隐私的 9 个方面,其中 5 个方面详细说明了被网站追踪的数据状态:(1)谁在收集数据;(2)究竟收集了哪些信息;(3)用于何种目的;(4)与他人共享哪些信息;(5)谁是这些数据的接收者等。隐私偏好项目平台在基础层面提供了一套标准化的选择,基本涵盖了网站隐私政策的主要内容(包括网站如何处理用户的个人信息)。P3P 允许用户设置首选项,如是否可以与第三方共享个人信息,随时对其进行检测并将这些标准与用户访问的每个站点的策略进行比较。

隐私偏好项目平台作为知名的一个技术性保护平台,也有诸多评论指出平台默认的隐私设置过于宽松,消费者无法设置足够严格的偏好,没有设定隐私的最低标准,也无法监控网站是否遵守他们自己规定的程序。协议旨在向网络用户提供有关网站隐私政策的信息并为用户提供个人信息的选择,个人可以通过使用平台清楚地了解网站运营商的隐私惯例,迫使低于标准的运营商加强其政策或为访客提供安全措施以换取个人数据。[②] 隐私偏好项目平台本身并不保护隐私也不控制网站的行为,主要通过向网络用户通报网站的数据收集实践,使网站数据收集实践对消费者更加透明,以便消费者可以自主决定选择哪些网站。

---

① Djumadi & Barkatullah A. H. , *Does Self – Regulation Provide Legal Protection and Security to E-Commerce Consumers*?,30 Electronic Commerce Research and Applications 94(2018).

② Jason A. Kotzker, *The Great Cookie Caper*:*Internet Privacy and Target Marketing at Home and Abroad*,15 St. Thomas Law Review 727(2003).

(四)网络广告倡议组织

1999年年底网络广告倡议组织(NAI)成立,提出实施更加统一的自律政策的基本原则,主要包括通知、选择、访问、安全、执行等方面。

第一,鉴于消费者无法就其个人信息的收集、存储和使用程度等状态作出准确和明智的决定,而通知消费者的最佳方式是进行内容明确的信息披露,该组织提出通过该计划向进入网站的每个用户提供简单的披露内容,在收集姓名、地址和电话号码等个人身份信息之前推出更为明显的通知。具体而言,隐私通知应告知正在被收集信息的消费者披露的内容,包括网站上用于个性化跟踪访问的技术类型,第三方公司的名称组织及其收集的信息,以及个人可用于限制数据使用的手段或方式。第二,在获悉网站的收集和做法后,消费者自愿选择级别与收集的信息类型,消费者可以自主选择加入或退出目标营销活动,并限制其信息被第三方访问。第三,消费者应有合理的机会获取广告公司收集的其个人身份信息,并且有权查看、更改和确定其个人信息的使用方式。第四,网络广告倡议组织要求网络广告商作出合理的努力,确保他们收集的数据不会丢失、误用、更改、破坏或被不正当访问。第五,为了使自我监管系统有效运作,行业成员必须接受独立实体的合规审查,以确保企业实现对用户的隐私承诺。

(五)建议性行业指引与自律规范

行业联盟负责制定适用于行业内部的个人隐私保护指引或指南,并要求那些参与行业联盟的成员遵守指导原则,从业者自行根据行业指引制定具体的隐私保护办法。最具代表性的是"在线隐私联盟"(Online Privacy Alliance, OPA)[①],联盟于1998年发布了"在线隐私指南",联盟不负责指南的执行情况,主要目标在于为其成员提供一个隐私保护范本,成员在参考范本前提下制定具体规范并使其保护力度符合指南的要求。行业自律规范始终被认为是解决网上收集个人信息问题的最有效和最具成本效益的方法,它主要依赖市场的力量,私营部门不仅通过自我监管发挥主要作用,同时也在经营过程中不断更新技术标准和行业惯例。行业协会与联盟根据本行业特点制定自律规范并充分

---

① 在线隐私联盟为企业提供了统一的指引与原则,其目的是探索互联网行业的隐私政策。加入在线隐私联盟后,每个成员应当同意在网络及电子商务环境中保护个人身份信息的政策符合联盟指南的要求,在线隐私联盟的原则后来被网络广告倡议组织用于创建基本原则。

发挥其约束作用,在推动行业内良性竞争的同时可以弥补隐私规范可能无法顾及的专业领域中的特别需求。为了建立用户的信任和信心,许多在线交易平台或提供在线服务的公司已经在其网页上发布了自律规范。

美国隐私保护制度更加关注实现各方利益的平衡,目标在于保护个人信息在自由流转过程中不受侵害,保护方式主要依靠行业自律组织与规范的指引,避免国家公权力的介入。美国的个人信息保护模式有助于在保护个人信息权利的前提下实现信息资源的充分流动和使用,但实践中也存在企业规避法律与行业规范侵害个人隐私权的现象。[①] 政府干预交易市场的方式主要是通过技术保护手段与行业自律规范寻求解决办法,这与其传统市场经济的理念相关,认为自律规范的敏感性与适应性更强,应鼓励信息收集者与个人就信息的收集与利用达成稳定的利益平衡模式,授予信息主体更多控制权使其能够主动采取保护行动。

第三节 欧美个人信息保护框架与发展

一、权利基础与保护模式

欧盟和美国基于不同的社会发展背景与文化规范制定了不同的隐私标准,比较美国和欧盟的模型时,可以看到立法和执法层面的诸多差异和相似之处。欧盟主张的个人信息自决权与美国的隐私权保护并无实质区别,核心理念都是在信息社会发展背景下,努力实现个人信息资源的正常流通、合理开发利用与信息主体合法权益之间的利益平衡问题。美国虽无适用于全领域的隐私法,但也通过不同行业与领域的立法保障公民行使"个人信息自决权",同样欧盟各国也在摸索有效的行业自律模式,以有效平衡国家、团体与个人等多方利益之诉求。可见,个人信息商业化使用规范在基本原则与价值追求方面都呈现出趋同性,但是在规范模式、主体权利基础、信息利用者的义务、监管模式与法律责任方面尚有明显区别。

[①] 周庆山:《信息法教程》,科学出版社 2002 年版,第 132 页。

(一)采用的保护模式

欧盟传统模式的特点是采用统一立法模式,在特定行业与领域采用自律模式为补充;美国模式特点是分散立法与自律并重,通过在不同领域制定单行法,同时结合行业自律对个人信息的流通与使用行为予以规范,而对于商业机构则主要通过企业或行业的自律达到主体信息保护与使用的平衡目标。在保护措施方面,欧盟主要采取自上而下的模式,对个人信息的使用施加较多限制,明确要求在收集使用信息前应当征得信息主体的同意,依靠统一立法为欧盟国家公民提供信息保护;相比之下,美国不依赖单一法律给予隐私保护,而是依靠众多各行业专门立法保护隐私,其数据保护取决于涉及的信息类型和行业种类等因素,隐私权的实现取决于信息的类型以及控制数据的行业部门是否受到监管。在美国,很少有可以适用于各个领域的普适性规则,也正是在这种规制方式下,数据信息的跨领域使用以及产品与服务的创新才可以获得较大的发展空间。在实践中,两种个人信息保护模式之间存在的差异不可避免地导致执行水平的差异:欧盟模式仅依靠指令或条例提供了统一的数据保护法律来源,从而产生了相对直接以及可预测的效果;相比之下,美国模式依赖不同行业的立法,增加了政策适用的复杂性。

统一立法模式的主要优势在于可以通过国家强制力保障法律实施的稳定性与权威性,能够有效协调与统一各行业与各部门的相关制度,不足就是灵活性欠缺,推行与实施的成本较大;而专门立法模式可以充分结合行业内部特点开展针对性较强的立法设计,但较于统一立法模式,各部门之间出现法律适用冲突时则难以协调。近年来,自律模式开始成为个人信息保护所采用的重要模式之一,该模式是指在行业内或由企业制定行为指引及规则,督促信息使用者主动保护个人信息,其突出特点是政府主导下的企业配合与自我约束,而不仅仅单纯依靠企业的随意自律。自律模式优势在于可以根据本领域发展特点与现实需求制定行业政策并及时调整,通过认证等手段引导企业主动采取措施保护个人信息,并根据行业内部特点适时调整以降低执法成本,充分考虑行业特点的内生规范,相对而言更容易被遵守,能够充分发挥信息技术等在社会与本行业的应用,不足之处则是实施效果不佳并缺乏强制性标准,以自愿为前提的内部规则容易被排除适用。商事机构通常以格式条款的方式拟定隐私声明,在制定格式条款过程中往往侧重于考虑单方利益需求,同时对于行业指引与规则予以选择或者规避,在这种前提下自律机制往往流于形式,目前多数国家选择在保护框架中对两种典型模式的优势进行融合。

(二)信息主体权利基础

美国隐私法侧重于纠正侵害消费者权益的行为并通过有效的商业自律模式平衡个人信息的自由流通与保护;在欧盟,隐私则被认为是重要的基本权利;美国隐私保护制度的核心是信息自由,法律框架谨慎地保护信息的自由流动;欧盟模式采用限制性模式使主体能够对其个人信息进行有效控制,但也会在某种程度上影响个人数据的收集与使用。同时,美国和欧盟对隐私权的界定也存在差别,如美国不同行业对于个人身份可识别信息涉及多种定义,欧盟则定义为包含个人可识别的所有信息,对个人可识别信息的定义较为宽泛,这些都决定了欧盟和美国采用不同的保护模式与方法。

欧盟基于"个人权利本位",围绕个人信息相关权利展开了深度探索并予以完善,在规定了个人信息保护最低标准的同时,还赋予较为完善的权利内容。美国承认信息主体基本权利,商业使用情境中则更加强调信息的自由流通与有效使用,认为统一立法可能会在某种程度上制约行业的发展,只要不违反义务性规定,使用行为都是合法的。因而,欧盟采用的直接规范模式主要是对信息主体的权利内容进行明确,美国的间接规范模式则是通过对商业机构滥用个人信息行为进行规制以实现保护目标。这两种规范模式形成了鲜明的对比,不仅体现为是否规定主体的个人信息权,还凸显了个人信息保护与使用之间的价值顺位。

基于以上分析,欧盟、美国在个人信息保护的价值取向与方式手段方面都存在较大区别,在信息化发展竞争背景下,对个人信息保护的理念都蕴含了不同程度的"保护主义"因素,体现在程序上就是欧盟的"参加机制"和美国的"退出机制"。[①] 欧盟国家主要倾向于使用全方位的立法保护个人信息,通过建立严格的自上而下的强制性规范体系应对衍生的相关问题;美国则对市场自由竞争机制与行业自律保护手段持有信心,只有在发生了个人信息侵权事件时才会采取措施。有学者指出,"欧洲的分析家们认为美国对于行业式自律和技术解决措施过度依赖,而美国的观察家则认为欧洲模式对企业发展构成了不适当的

---

① Connolly & K. J., *Law of Internet Security and Privacy*, Panel Publishers, 2002, p. 164.

沉重负担和官僚主义"，①"在针对消费者的隐私保护方面，美国模式优于欧盟国家"。②"欧盟将隐私视为超越了其他权利的重要权利，美国隐私法侧重关注纠正侵害消费者隐私权的行为，并努力在商业交易与隐私保护之间寻求平衡。"③

当前多数国家都制定了综合法规并遵循欧盟的数据保护方式，多数法规体系类似于欧盟的个人信息保护框架，而美国强调"通知和选择"模式的广泛运用，并"鼓励企业制定隐私声明，详细描述信息收集与数据使用实践以帮助人们作出明智的决定"。欧盟的保护方式与传统要求个人数据的处理必须严格遵循立法规定，每个国家都应当有一个独立的数据保护机构来监督数据使用，自动决策应当受到限制，敏感数据需要得到额外的保护。美国法律一般不要求信息处理发生之前对其进行立法约束，除非法律明确禁止或以其他特别方式规制，个人信息的处理是自由且被允许的，但近年来企业越来越倾向于在业务活动中遵循最严格的隐私标准并开展其信息实践，相关立法活动也越发频繁。由此可以看出，在美国模式下围绕个人信息商业化使用的首要价值目标是推动信息的自由流通与利用，同时对信息主体的权利予以兼顾；欧盟模式则是以保护个人信息、维护主体权益为首要价值目标，同时兼顾信息的流通与使用。

二、欧美法案理念与创新发展

欧盟《通用数据保护条例》在增加了对特殊种类信息和匿名信息规定之外，基本延续了传统指令中"可识别个人身份信息"的定义，但依然囿于传统框架。美国《消费者隐私权利法案》则将个人信息界定为"可以与特定个人或设备进行连接的信息"，提出了个人信息的"关联性"特征并将范围拓展到"设备"，充分考量了个人信息范围的扩展方式。随着法案中一系列基本权利的颁布，个人信息保护开始转向探索有效的隐私保护模式，而不是制定模糊的政策来阻止侵害行为，基本法律权利的存在将迫使行业部署公平的信息实践，以实

---

① Pearce G. & Plattern N. , *Orchestrating Transatlantic Approaches to Personal Data Protection: A European Perspective*, 22 Fordham International Law Journal 2024(1998).

② Jamal K. , Maier M. & Sunder S. , *Regulation and the Marketplace*, 26 Regulation Magazine 38 (2004).

③ Schwartz P. & Solove D. J. , *Reconciling Personal Information in the United States and European Union*, 102 California Law Review 877(2014).

现企业与个人利益的平衡。为了促进隐私保护系统设计的快速发展,应当赋予有效开发和部署隐私增强技术的企业更多责任,在此过程中,法律制定的标准将为隐私保护技术的开发创造新的市场和机会。

传统的信息保护架构对于用户控制与透明度有着明确且严格的法律规定,但实践中往往缺乏可操作性,主体的权利往往得不到真正实现。如美国保罗·M. 施瓦兹教授指出的,目前的隐私保障往往"承诺太多而兑现太少"①。欧美都充分重视用户对其信息的控制权利,但在其法案中采取了不同的路径:面对在实践中已逐步失效的知情同意原则,欧盟选择在条例中予以继续强化,将构成有效同意的标准大幅度提高;美国《消费者隐私权利法案》则在增加用户实质性权利方面作出了诸多尝试,如法案将"用户控制"定义为用户享有的对处理其个人信息的行为作出决策的能力,包括同意与撤回、对有误信息的更正以及实现信息主体个人偏好的方式,充分突出以用户为中心的理念,强调了应当尊重用户的"隐私偏好",在法案中对"用户控制""透明度""信息的获取与更正"等方面进行了集中规定。

透明度的提升有助于增加用户对信息收集者的信任与安全感,能够提升对信息处理的接受度,是用户行使相应权利的重要前提,可以最大限度实现信息价值的有效开发②,奥梅尔·泰恩(Omer Tene)教授视其为应对隐私挑战的核心手段。现阶段机构发布的隐私声明是提升信息处理环节的透明度、督促其履行告知义务的重要方式,然而在传统保护模式中隐私声明已成为机构合规义务的形式化要件,多数用户选择直接越过隐私声明或者即使阅读也未能真正理解其内涵。欧盟意识到用户与第三方数据处理者缺乏直接联系与沟通,因而在《通用数据保护条例》第 14 条中作出了针对性规定,但总体思路仍未改变。美国《消费者隐私权利法案》则作出了有益的尝试与探索,强化了告知义务并对透明度实现的"合理性"标准进行了规定,同时在立法理念方面突出了以用户接受度为核心,然而尚无告知的实现方式和提升用户理解的可操作性规定。另外,在个人信息被第三方广泛传播与再利用的背景下,对于信息处理的告知义务的设定也未能涉及与第三方机构相关联的情景。法案强调用户获取信息的

---

① Paul M. Schwartz, *Privacy and Democracy in Cyberspace*, 52 Vanderbilt Law Review 1607(1999).
② Omer Tene & Jules Polonetsky, *Big Data for All*: *Privacy and User Control in the Age of Analytics*, 11 Northwestern Journal of Technology and Intellectual Property 239(2013).

程度与方式应当基于信息获取成本、对信息处理的风险评估以及可能会对用户造成的不利影响等因素来综合决定,此规定细化了用户获取相关信息的权利并有助于提升获取信息的效率,但法案未指明实现透明度的可行性方法与有效机制,也未能提出与第三方机构建立有效关联的方式。

欧盟《通用数据保护条例》对于用户同意的可操作领域延续了《数据保护指令》的结构,依然将用户同意作为信息保护的核心授权手段,并在新条例中细化有效同意的标准,但未能认识到知情同意传统框架在现有信息技术环境下的局限性。相较于欧盟《通用数据保护条例》对于知情同意的强化,美国《消费者隐私权利法案》在这个方面作出了重要革新,将用户知情同意设定为补充性保护机制,减轻了用户与机构的负担,不再纠结是否获取了用户的同意和授权,更加关注风险较高的个人信息处理行为,明确个人信息的有效合理利用这一问题的重要性,加强了用户控制的真正实质意义。美国《消费者隐私权利法案》更加倾向于退出机制,如该法案第 103 条规定:"当针对个人信息处理行为会产生不合理的风险时,机构应当提供及时有效的控制或选择机制。"该条规定默认当用户不表示明确反对即视为对信息后续处理的授权。[①]

总体来看,欧盟侧重于将用户同意的标准予以加强和细化,并坚持以同意作为授权的传统方法,美国则融入了情境一致理念,以隐私风险与用户接受度为标准衡量个人信息处理行为是否合理,这对于电子商务环境下的个人信息保护具有重要的参考意义。退出机制有助于减轻企业与机构的负担,并能保障信息的自由流通与充分开发,然而对用户而言主动的同意有可能导致不合理的负担,不仅会影响其权利的有效行使,还有可能使用户面临更大的风险。另外,当处理个人信息过程中产生不合理的风险时,企业与机构应当主动为用户提供可操作机制或采取各类措施以降低风险,而不应只僵化地提供"接受"与"不接受"选项,如果企业不采取措施而只是通过用户控制降低风险,实质上就是将信息处理过程中的风险转嫁给了用户。

---

① Omer Tene & Jules Polonetsky, *Big Data for All:Privacy and User Control in the Age of Analytics*, 11 Northwestern Journal of Technology and Intellectual Property 239(2013).

第五章 制度评价与利益考量：个人信息保护与信息流通的平衡

第一节 我国个人信息保护现状分析

一、个人信息保护制度梳理

数字化时代，信息处理方式持续发生变化，不断涌现的新技术为人们带来更多便利的同时，各行业也面临基于信息处理与传播引发的风险。近年来，围绕个人信息的规则设计活动已成为最为活跃的立法运动之一。欧盟持续开展专门立法尝试对信息处理行为进行规范，并不断完善立法和规范执法；美国根据"信息控制权"理论对隐私权范畴进行修正，并以此为敏感信息的控制提供理论支持。数字经济时代影响着社会各行业的发展路径，以信息技术为支撑的产业创新对电子商务行业的快速发展起到了重要助推作用，用户信息安全早已成为影响电子商务发展的核心问题，虽然我国目前针对电子商务行业个人信息保护的规则相对较少，但并不代表在电子商务领域中个人信息保护的缺位，相关的条文散见于各项法律法规、部门规章制度以及司法解释中。

2000年12月全国人大常委会发布了《关于维护互联网安全的决定》，这是我国首次以立法方式规制网络活动；该决定在2009年进行了修正，提出应保障网络运行安全与信息安全。2012年12月全国人大常委会通过了《关于加强网络信息保护的决定》①,并明确企业与机构在收集与使用个人信息时应遵循"合法、正当、必要"的原则。2017 年 6 月 1 日《网络安全法》正式施行,对网络运营者、网络产品与服务经营者在收集、使用个人信息各环节应当承担的义务进行了规定。

2018 年 8 月十三届全国人大常委会审议通过《电子商务法》。该法第 5 条②规定了电子商务经营者在交易活动中应当遵守的基本原则,以及应当履行的网络安全与个人信息保护等方面的义务。第 23 条规定:"电子商务经营者收集、使用其用户的个人信息,应当遵守法律、行政法规有关个人信息保护的规定。"该条是电子商务经营者在收集与处理用户个人信息时需要遵守的原则性规定。第 24 条赋予了信息主体对其信息的查询权、删除权以及更正与补充请求权。第 69 条第 1 款③规定在维护商业交易与用户信息安全的前提下,充分鼓励电子商务数据的开发并保障数据的自由流动。《电子商务法》加大了对用户信息安全的保护,明确了包括电子商务平台、自建网站经营者、平台内经营者、支付服务以及物流服务等主体在内的信息安全责任。

2020 年《民法典》对个人信息保护设定了较为详细的制度规范。首先,在第四编"人格权"增加"隐私权与个人信息保护",认可了个人信息权益是民事权利;其次,个人信息保护与隐私权并列,个人信息与隐私关系紧密、互相包含或相互交叉;最后,没有明确个人信息权,而是以个人信息保护概论之,将其作为与隐私权类似的人格权益纳入民事基本法的保护。《民法典》的规定将个人信息权利确认为个人自主控制与决定范式下的民事权利,并将决定、查询、更正、知情、复制、删除等作为个人信息权益的具体权能。另外,围绕对个人信息收集、处理的基本原则与条件,相较于"使用","处理"一词内涵更加丰富并拓展了适用范围,指出处理包含了"使用、加工、传输、提供、公开"等行为。此次

---

① 《关于加强网络信息保护的决定》第 1 条规定:"国家保护能够识别公民个人身份和涉及公民个人隐私的电子信息。任何组织和个人不得窃取或者以其他非法方式获取公民个人电子信息,不得出售或者非法向他人提供公民个人电子信息。"
② 《电子商务法》第 5 条规定:"电子商务经营者从事经营活动,应当遵循自愿、平等、公平、诚信的原则,遵守法律和商业道德,公平参与市场竞争,履行消费者权益保护、环境保护、知识产权保护、网络安全与个人信息保护等方面的义务,承担产品和服务质量责任,接受政府和社会的监督。"
③ 《电子商务法》第 69 条第 1 款规定:"国家维护电子商务交易安全,保护电子商务用户信息,鼓励电子商务数据开发应用,保障电子商务数据依法有序自由流动。"

还明确了处理个人信息的合法、正当以及必要原则。合法是指围绕个人信息相关收集与处理的活动需要符合法律规范,而法律规范不仅涵盖了民法中的有关内容,还应当包括所有涉及个人信息保护的内容,如《电子商务法》以及最高人民法院、最高人民检察院出台的与个人信息有关的司法解释等。正当是指针对信息的收集与处理,其目的与手段都应当具备正当性,这不仅指目的与手段的合法,还应当符合诚实信用等基本原则,满足透明要求,使信息主体可以充分了解信息所处状态。必要是指应当限于实现正当目的所必需的部分,与之无关的信息部分不能擅自收集与处理,同时将自然人的知情同意作为信息收集和处理的合法前提,不仅体现出主体意思在信息处理中的重要地位,而且能够保障个人对信息的控制。

2021年8月20日第十三届全国人大常委会通过的《个人信息保护法》是对个人信息保护这一领域独立专门立法需求的积极回应。《个人信息保护法》有74条内容,共8章,分别为总则、个人信息处理规则、个人信息跨境提供规则、个人在个人信息处理活动中的权利、个人信息处理者的义务、履行个人信息保护职责的部门、法律责任和附则。《个人信息保护法》围绕主体、保护手段、制度内容等各方面实现了公、私法保护与监管一体设计,一方面赋权个人信息主体自主保护,另一方面也进一步强化公权力机关的保护职责;一方面强化个人信息处理者的义务与责任,另一方面适当强化公权力机关处理个人信息的特殊义务与责任,从而系统构筑了信息技术与数字经济新形势下个人信息保护的制度体系。

2005年2月通过的《刑法修正案(五)》增加了"窃取、收买、非法提供信用卡信息罪"。2007年12月发布的《商务部关于促进电子商务规范发展的意见》提出:"引导电子商务企业建立健全网络与信息安全保障制度,采取有效的网站安全保障措施、企业信息保密措施和用户信息安全措施,防范和制止利用互联网盗取商业秘密和提供用户信息给第三方以牟取利益的行为。"2009年2月通过的《刑法修正案(七)》增加了"侵犯公民个人信息罪"。2020年修订的《未成年人保护法》第72条规定"信息处理者通过网络处理未成年人个人信息的,应当遵循合法、正当和必要的原则"。2013年10月修正后的《消费者权益保护法》对消费者个人信息保护充分重视,明确了经营者收集、使用消费者信息应遵循的原则,以及应采取必要措施保障消费者信息安全。

在行政法规和部门规章方面,2013年2月施行的《信息安全技术 公共及商用服务信息系统个人信息保护指南》,设定了个人信息保护领域的首个国家标准,并对个人信息使用原则、保护模式,以及信息的收集、转移和删除等提出了基本要求。2020年3月6日,《信息安全技术 个人信息安全规范》正式发布,重点对个人信息的收集、保存、使用、共享、传播、披露等活动中应当遵守的安全要求和基本原则作出了较为详细的阐述。该规范对个人信息的范围进行了明确界定,并对个人信息控制者在处理信息过程中应当遵循的基本原则和安全要求进行了确认,是《网络安全法》有关个人信息安全内容的配套标准。该规范既充分参考和借鉴了国际上通行的标准,也充分考虑信息产业发展需要,是对国家个人信息安全政策与法律法规的回应,也为信息处理主体提供了更加可行的操作规则与合规指南,对保障个人合法权益、及时制止侵害行为具有重要意义。该规范为企业制定信息处理方案提供了明确的、可操作性较强的指引,包括"个人敏感信息判定""选择同意的方法""隐私政策模板"等个人信息保护核心标准,共提出130多项个人信息保护措施,为各类个人信息处理活动提供了详细具体的操作规范。从法律效力分析,该规范属于国家推荐性标准而非强制性标准,鼓励企业自愿采用。

二、对现有制度的探讨

(一)保护框架的完善与细化

首先,现有的规则无法与信息技术的更新密切衔接,条款施行效果有待提高。目前的电子商务相关立法在操作性上还需要细化与加强,需进一步完善监管机制,尤其是围绕用户维权、起诉以及索赔等制度设计,需要制定更为详细具体的规则。随着信息技术产业升级与发展,针对不同行业与领域的调整方法会出现重叠或者遗漏,对侵害个人信息行为缺乏必要的惩处力度,这些都会影响具体规则的执行效果。完备的个人信息保护框架是信息社会发展的重要前提,建立在科学保护体系下的个人信息收集与处理才能助推信息产业进程,应当根据电子商务产业特点与用户信息安全需求,探索符合行业发展需求的信息保护模式,实现个人信息保护与信息正常流通间的利益平衡,推进电子商务产业升级与发展,为电子商务的发展创造更大空间。

其次,电子商务立法的核心目的在于为电子商务发展消除障碍、推动电子商务产业的进步。信息是电子商务交易得以进行的基础,因而交易安全的核心要务就是数据信息的安全,这就需要在交易各个环节加强保障措施,使信息在存储、流转等过程中不会受到丢失、拦截以及非法泄露等影响,以保障履约安全,保护用户个人信息在处理的各环节免受非法收集与使用。《电子商务法》的立法目标不仅是保障用户安全,更需要为企业的正常经营与交易创造良好的环境,《电子商务法》第 69 条规定在维护商业交易与用户信息安全的前提下,充分鼓励电子商务数据的开发并保障数据的自由流动,该条规定也体现出电子商务立法的核心理念,就是要在保障信息安全的同时,推动信息的正常流通与合理使用。在完善电子商务用户信息保护规则时,还需要充分考虑产业发展需求,不因数据安全目标而限制信息的正常流通与共享。

在新技术快速发展的时代,构建完备的信息保护制度,可以使个人信息权免遭科学技术的降解,使自然人的信息人格与社会形象完整统一。信息资源的价值通过流通和处理得到体现,而个人信息作为诸多信息资源的一种,其蕴含的经济价值被不断挖掘。在电子商务领域,个人信息潜在商业价值的最大化不仅是企业追求的经营目标,同时还是在线经济发展的迫切需求,为了保障这种合理需求,有必要对不同利益间的矛盾进行调节,并保证正当利益诉求得以实现。应当在保障主体合法权益与自由的同时,兼顾信息资源的开发与使用,为信息处理者的诸多活动设置规则,否则一旦损害信息主体权益,就会阻碍信息资源的流通、处理以及信息化进程。

(二)多方利益诉求的规制理论

科技发展使个人信息的处理与传播更为快速,也更难以掌控,且随着信息储存成本越发低廉,信息内容更加丰富,个人信息一旦上传至网络,很难被彻底消除,借助功能强大的网页搜索引擎,特定的个人信息将更容易被精准收集。新科技的发展使个人信息的收集、处理、利用更加不受时间与空间的约束,主体难以知悉谁在收集其个人信息,以及将"如何"、在"何时"被谁使用。个人的数字化形象变得越发透明后,程度不一的信息风险将持续发生。

现阶段的制度设计应当从重视主体对其信息的控制利益转向多方面利益综合考量的隐私保护理念。目前的理论侧重强调主体对其信息的自主控制权,在制度设计上自然会将重点放在信息的收集阶段,信息一旦交付第三人手中,主体对其信息的控制利益就已获得满足,对隐私的合理期待保护就会降低。这种以收集时的授权同意,满足未来信息使用的个人信息控制的论述,虽然一直存有质疑声音,但无碍其主流地位。随着科技的发展,围绕该种信息保护理论的质疑声不断扩大,提出建立在信息收集时刻的同意并不能提供足够的保护,新科技下的信息保护重点,应当转向信息处理和使用阶段的观察。对于信息控制者而言,若要进行个人信息的组合使用或目的外使用,则需要重新进行另一次信息的收集、处理、使用,因而也就必须重新取得信息主体的一个新的授权同意,方能再次开启另一条新的个人信息使用路径,然而这种方法会产生一定程度的负面作用。为达到信息使用延续发展的目的,应当建立面向多重利益的信息保护概念,全面考虑私密性、控制目标以及利益诉求。关注个人信息可能面临的风险,强调所处社会脉络下之利益平衡的重要性,并有效调和个人信息保护与科技发展、数据流通利益的冲突。

现阶段个人信息保护理论侧重于关注信息主体对自身信息的控制权,进而发展出以告知后同意原则为核心的个人信息保护规则,只要清楚地告知收集信息的使用目的,并获得信息主体之同意,就可实现保护目标。主体对其信息的自我决定与控制只是个人信息保护的一项主要利益,并非唯一利益诉求,此权利关心的不应只围绕信息本身的自我决定与控制利益,还应当包括背后的其他利益需求。简而言之,个人信息保护理论应当兼顾多个彼此间虽互有关联但并非包含关系的隐私利益,信息主体虽然同意提供其个人信息后可能丧失对其信息的控制利益,但对于围绕个人信息的其他利益仍应具有合理期待的可能。

第二节　个人信息保护原则的修正与调整

一、公平信息实践原则

个人信息保护基本原则在各国保护框架中是贯穿始终的核心规则,不仅反映了立法者在个人信息保护方面采取的政策与措施,也体现了信息保护的核心与规律。作为国际普遍采纳的基本原则,公平信息实践原则为各国的数据安全政策与隐私立法提供了重要参考,该项原则起源于1973年美国政府咨询委员会发布的一份名为《录音、计算机与公民权利》的综合报告,报告对个人信息处理自动化系统可能导致的负面效果进行了全面分析,并主张构建个人信息收集与使用的保护措施,这些措施逐步成为各国广泛使用和采纳的"公平信息实践原则"①。

基于公平信息实践原则,各国个人信息保护制度要求信息控制者要本着负责、审慎和透明的原则开展数据活动,并通过赋予更正和删除权限,使主体能够控制其信息。公平信息实践原则不仅为各行业隐私倡导者和政策提供者提供了一种关于隐私的共同语言,还为世界各地的国家、地区、企业和个人提供了分析新技术的基准。公平信息实践原则的采用推动了各国与各地区在个人信息保护立法领域使用相似的基本原则,在全球范围内为个人信息与隐私保护的解决方案提供了交流基础。简而言之,公平信息实践原则为通用隐私保护语言提供了操作性、和谐与渐进式变化,虽然该原则是具有比例性要求的普遍标准,但其对于个人信息保护中的特定问题仍然保持着足够的关注。全球数字经济的快速发展要求各国在隐私制度上保持一致,从而在数据收集和使用的边界找到共同点。公平信息实践原则汇集了数据实践的共同智慧,并且具有较强适应性,是为了解决在收集、使用和存储过程中产生的问题而制定的。

公平信息实践原则对个人信息的保护方式进行了全面阐述,成为 1974 年美国《隐私法》的重要基础。随着新信息技术的普遍使用与更新,公平信息实践原则在各国推出的个人信息和数据保护的相关规章、报告、指南中得到进一步衍生与发展,例如经济合作与发展组织(OECD,以下简称经合组织)在 1980 年推出的《隐私保护与个人数据跨境流通指南》,欧盟在 1980 年通过的《保护自动化处理中个人数据的公约》以及 1995 年通过的《数据保护指令》。上述文件以公平信息实践原则为基石,对其制定的规范进行了修订与拓展。尽管各国立法围绕个人信息保护的规定存在不同,但美国与欧盟制定的保护框架,严格意义上讲都是建立在公平信息实践原则基础之上的。

考虑到个人信息的跨境流动有助于经济社会的发展,经合组织以最具影响力的方式阐述了公平信息实践原则。由于各国数据保护立法的差异会增加个

---

① Frederik Zuiderveen Borgesius, Jonathan Gray & Mireille van Eechoud, *Open Data, Privacy, and Fair Information Principles: Towards a Balancing Framework*, 30 Berkeley Technology Law Journal 2073 (2015).

人信息自由流动的风险,经合组织进一步致力于制定协调国家隐私立法的准则、保障国际数据的正常流通,在其通过的《隐私保护与个人数据跨境流通指南》中确立的基本原则已成为当今各国个人信息保护立法的重要参考。2013年经合组织对该指南进行修改后,个人信息保护基本原则包括:收集限制原则、信息质量原则、目的特定原则、使用限制原则、安全保护原则、公开原则、个人参与原则以及责任原则。这些基本原则被各国在立法过程中采纳,并影响了全球个人信息保护的框架与模式;当谈及公平信息实践原则时,人们通常会考虑经合组织指南中所阐明的八项基本原则。国内学者在综合比较研究的基础上对个人信息保护原则进行了总结。周汉华教授认为个人信息保护涉及的主要原则包含权利保护、信息质量、信息安全、利益平衡和救济等。张新宝教授认为个人信息保护法的基本原则应当包括:收集限制、合法诚信、告知、内容准确性、目的明确、公开、信息主体参与、安全保护、责任原则。[①] 齐爱民教授则认为,我国个人信息保护的基本原则应当包括目的明确、限制利用、安全、政策公开、信息保密、保存时限、自由流通等。[②] 虽然学者对基本原则的表述与概括存在不同程度的区别,但表达的核心理念与内容大体相同。

随着技术进步,个人信息的收集和使用手段越发隐蔽,现有的保护原则已无法同时兼顾隐私保护与技术创新。[③] 在欧美现有的信息保护原则中,公平信息实践原则主要集中于程序保障措施,目的在于促进个人在其信息被收集和使用方面的权利,但涉及某些类别的个人信息时,公平信息实践原则无法提供禁止信息收集和使用的说明。

二、知情同意原则的局限与修正

现阶段个人信息保护制度设计的核心依然是贯彻知情同意原则,着重取得当事人同意并符合收集目的之使用,以此满足保障用户对其信息的控制利益,然而,科技的发展使对个人信息的威胁逐渐转向在个人信息被收集后的"再次使用"过程。一味地贯彻知情同意原则,不仅会阻碍科技发展和研究的推进,

---

① 张新宝主编:《互联网上的侵权问题研究》,中国人民大学出版社2003年版,第193-194页。
② 齐爱民:《大数据时代个人信息保护法国际比较研究》,法律出版社2015年版,第211-213页。
③ Daniel J. Solove, *Symposium, Introduction: Privacy Self-Management and the Consent Dilemma*, 126 Harvard Law Review 1880(2013).

而且无益于信息的保护,如何修正知情同意原则在个人信息保护方面的适用,成为新技术发展下个人信息保护面临的重要课题。

对于新技术所引发的新形态个人信息风险,知情同意原则在应对措施上显得捉襟见肘,现行原则侧重在信息收集阶段取得当事人同意,对个人信息的处理符合收集时的目的,以此满足主体的信息保护需求。然而,新技术的发展使人与人之间的信息关联性越发密切,最常见的争论集中于信息主体能否在充分了解特定前提下作出有意义的决定。为了确保主体充分理解告知内容后作出同意决定,实践中告知方法也在不断地被修正与完善,但不断涌现的信息风险已经不再是主体能否理解告知内容的问题,而是缺乏对信息主体有意义的告知方式,在现代科技所引发的诸多情境下,信息主体往往被屏蔽在信息流通过程外,无法知晓也无从为自己作出决定。①

(一)知情同意原则的适用与发展

知情同意以告知为基础,作为以取得信息主体同意为前提的个人信息保护原则,能够在网络科技兴起时仍然居于保护原则的核心地位,主要有两个方面的优势:对于信息收集主体而言,执行成本相对较低,只要发布了隐私声明就满足了信息保护的要求,将个人信息收集与否的决定权限交给信息主体自主作出决定。从监管角度分析,主管部门需要向社会回应已尽个人信息保护的责任,同时也面临着大量信息相关产业的请求压力,在经过权衡后,知情同意原则是一个成本相对较低的选择。

作为个人信息保护的重要原则,知情同意最早见于 1973 年美国所发布的公平信息实践原则,其中持续强调"通知/注意"(notice/awareness)以及"选择/同意"(choice/consent)原则的重要性。知情同意原则后来广泛被全球各组织在制定数据政策时参考援用,如经合组织于 1980 年发布的《隐私保护与个人数据跨境流通指南》,其中规定的"收集限制原则"(collection limitation principle)不仅要求以合法、公正的方式收集个人资料,还需要获得当事人同意或使其知悉。欧盟在 1995 年通过的《数据保护指令》亦规定告知后同意原则:第 10 条规定了"告知原则",要求个人信息控制者必须提供其身份信息及收集、处理个人信息之目的;第 7(a) 条规定了"同意原则",规定个人信息使用的其中一项合法

---

① Roger Allan Ford, *Unilateral Invasion of Privacy*, 91 Notre Dame Law Review 1075(2016).

事由即为主体的明确同意。

欧盟为了应对信息科技对个人信息保护产生的影响,在《通用数据保护条例》中仍将知情同意原则仍属重要的核心原则,并在第12条中规定了知情同意原则的具体要求。[①] 美国的个人信息保护是依赖企业的自我管制模式,该种模式源于对自由市场经济的信任,深信企业为了提升竞争力会自主地回应消费者对于隐私保护的期待,并改变其隐私权政策。[②] 这种纯粹依赖自由市场的隐私保护模式,被认为忽略了消费者与企业间存在的信息不对称,以电子商务交易为例,用户对企业收集其个人信息行为往往难以察觉,也难以知晓企业取得其信息后的各种处理与使用行为。在自由市场下,信息主体、控制者与使用者,应当就信息的使用与保护找到最佳的平衡点,但主体接收的信息不完整会导致无法作出有意义的决定。为了解决信息不对称对个人信息保护的影响,企业应当就其对个人信息的收集与处理行为,向信息主体进行清楚、完整的说明,使信息主体可以在充分了解后作出隐私保护决定,这也是知情同意原则主张的基本理念。

(二)告知效果的缺乏与保护效果的弱化

知情同意原则主要关注的是信息主体是否知晓其信息的完整状态,并基于此在现实世界中作出明智的决定。传统经济理论未能考虑在线经济模式的复杂性,在信息快速流动和多情境使用的前提下,如果不考虑技术时代的信息变化因素,机械的知情同意原则不足以保护主体的信息安全。对于加强信息收集使用的透明性和当事人自主选择为核心的知情同意原则,许多学者对其能否有效实现个人信息保护目标提出疑问。事实上大部分的用户在进行网络消费时,对于经营者拟定的隐私政策很少仔细阅读,甚至会认为网页放置隐私保护的说明,就代表其信息安全会受到保护,因而未进一步浏览隐私声明的具体内容,[③]以网站的隐私声明为例,用户每天浏览的网站数量众多,将所有网站的隐私政策与声明充分阅读并理解,会消耗用户大量的时间。人们身处于无处不被收

[①] Liliia Oprysk, *The Forthcoming General Data Protection Regulation in the EU*, 24 Juridica International 23(2016).

[②] Dennis D. Hirsch, *The Law and Policy of Online Privacy: Regulation, Self-Regulation, or Co-Regulation?*, 34 Seattle University Law Review 439(2011).

[③] Daniel J. Solove, *Introduction: Privacy Self-Management and the Consent Dilemma*, 126 Harvard Law Review 1880(2012).

集、使用个人信息的环境中,无法清楚地了解其信息在何时、何处、被何人、被以何种方式收集和使用,如果信息主体无法充分地理解其信息被处理的可能性,那么"同意"在个人信息保护中所发挥的作用也将被大幅削弱。此外,当多数人自愿被收集特定信息供特定目的使用以换取经济利益时,那些不愿意被收集信息之主体也会因担忧其利益受影响而被迫同意。

(三)"告知"的改善方法

围绕对知情同意原则的争议,近年来各国学者努力地提出改善方法,以确保其作为个人信息保护主要原则的有效性。强化告知方法致力于改善告知的具体效果,主要围绕设计内容较短的隐私政策,要求使用简单的语句与文字说明并使人易于理解。此外,欧盟信息保护工作小组发布的《关于统一信息规定的意见》中,提出以"多层次告知"方式取代过长的告知内容,告知内容不必显示在同一份文件或同一网页页面上,只需将各个零散的告知信息进行汇总并满足告知要求,多层次的告知方式对于信息主体而言,能够在短时间内快速地初步理解个人信息被谁、基于何种目的而收集和使用。多层次告知方式可区分为以下三个层次:第一层次属于"简短告知"(the short notice),告知内容包括必要或核心资讯,即信息控制者的身份与联络方式,收集、使用个人信息之目的等内容,甚至当展示告知内容的空间受限制时,可采用"超简短告知"方式;第二层次属于"浓缩告知"(the condensed notice),告知的内容包括:公司名称、个人信息处理目的、个人信息收集者的类型、个人信息移转第三人的可能性、修改个人信息及反对收集的权利、个人可享有的选项等;第三层次属于"完整告知"(the full notice),告知内容必须包含第一、第二层次在内的所有相关要求。此种分层次告知法虽可有效地使消费者快速地阅读告知内容,但伴随的结果是消费者对于个人信息将如何被收集和使用的理解存在偏差,多数消费者阅读完第一层次说明后,往往选择不再阅读内容较长的第二、第三层次的告知信息。①

在多层次告知方式外,还有使用标准化格式进行的隐私政策告知方式,这对于消费者而言相对容易理解,若企业都使用大致相同的格式进行声明告知,消费者也有预见可能性。还有学者认为,上述方法无法从核心层面改善告知效

---

① Lorrie Cranor, Brett Frischmann, Ryan Harkins & Helen Nissenbaum, *Disclosure and Notice Practices in Private Data Collection*, 32 Cardozo Arts & Entertainment Law Journal 784(2014).

果,因为问题的根本不在于告知的简短或易懂,而在于如何引起消费者阅读隐私权政策的意愿,告知内容应少一点文字、多一点互动交流,由此提出了"体验式告知法"(visceral notice):通过心理学方法,借助过往的行为经验提升人们重视隐私政策的可能,使用易引起人们注意信息安全的方法,提升阅读隐私声明的意愿。

(四)新科技下知情同意原则的困境与修正

电子商务环境下消费者可以通过隐私声明了解谁是最初的信息收集与使用者,但难以掌握其个人信息会在未来的哪个时间、被传输至谁的手上,以及如何进行使用,毕竟连最初收集信息的主体在收集信息时也无法预见个人信息未来的可能用途,自然也就很难在拟定隐私声明时清楚说明。现阶段惯用的知情同意原则,着重在收集阶段进行用途告知,并取得当事人同意,保证其个人信息的使用符合收集目的,然而现阶段的信息风险逐渐出现在个人信息被收集后的再使用过程中。随着人与人之间的信息关联性越发密切,容易使信息主体的同意决定产生取代他人同意的"外溢效果"。

知情同意原则是信息主体在收集环节作出同意其信息被使用的决定,信息收集时的同意效果,贯穿于告知内容下的所有个人信息处理和使用阶段。随着大数据技术与网络搜索引擎科技的不断精进,对个人信息用作原收集目的外的使用,或与其他个人信息作组合分析使用逐渐成为市场的常态,支持当事人自主选择保护原则的主张,将因信息科技的不断创新而无法有效运作。在个人信息的收集、处理或使用的任一阶段,都可能随时发生超出预期目的的处理和使用,或未授权的第三方使用其个人信息的情形,若要彻底贯彻知情同意原则以保护个人信息,则不可避免地会对此类信息科技的发展造成阻碍。

对知情同意原则的修正应从侧重收集阶段的保护,转向关注"处理、使用阶段"的信息保护,以调和个人信息保护与科技发展之间的冲突。单纯强调对个人信息利益的控制,容易使信息保护依赖收集阶段的控制权的行使,应当在充分权衡信息风险的同时考虑其他信息利益,使信息保护不执着于控制利益,有效平衡市场发展利益与个人信息保护。在必要时将个人信息保护的重心从收集阶段转移至对信息的后续处理和使用过程,避免过度执着于告知后同意原则的贯彻,为其他个人信息保护原则提供理论基础。在信息处理过程中重新取得无数同意,才能再使用已合法收集的个人信息,实践上推行有较大困难,纵使技术发展使重新取得当事人同意的成本大幅降低,但信息控制者仍可能面临本来无意知悉主体身份信息,却被要求必须辨识信息主体身份以重新获取当事人同意的实践难题。因而,重视后续个人信息组合使用或目的外使用过程中的利益保护,才是比较理想与可行的做法。

三、对收集限制、目的特定原则的完善

(一)对收集限制原则适用条件的调整

在电子商务场景下,各类数据信息蕴含着更多的潜在价值,这也在不断激励企业采用新技术收集并分析用户信息,传统的收集限制原则被不断突破,在现有环境下已无法满足信息保护需要。为了在激烈竞争中保持竞争力,企业在收集实现经营目标必需的信息外,往往会大量收集其他各类信息,利用数据库汇总以发掘信息的价值。个人信息保护应当基于特定场景,脱离了特定的场景讨论个人信息权益,会导致信息保护的目的与效果无法有效契合。在现有制度设计过程中,需要重点防范和化解新技术快速应用过程中可能引发的风险,抛开具体场景谈论个人信息或隐私权益,不仅无益于提供恰当保护,还可能会导致保护过度或保护不足等问题。

个人信息保护总是与特定群体和利益相关者相联系,在设定个人信息权益保护范畴时,尤其需要关注特定利益共同体的普遍标准。对个人信息保护的主要形式是防御第三方对个人空间的介入与干扰,但绝非使其成为信息孤岛并脱离社会,其核心目的仍然在于促进不同主体间的信息交流,因而个体权益受保护的程度必然会因其所处场景不同而有所差异。个人信息保护的边界,应当根据不同利益群体的特点并结合具体场景中的普遍预期进行综合考量,在相对亲密的群体关系中,个人信息保护需求往往相对较少,成员间在信息分享方面有着较高接受度;而在电子商务领域中,网络空间技术构建的交易环境下主体间基本处于完全陌生状态,往往会对其信息与隐私的分享保持警惕,个人对其信息保护的预期相对更高,甚至会期望将其信息进行完全匿名化处理,以达到无法直接辨识其具体身份的程度。在实践中,这种基于具体场景与利益相关者的视角已得到充分的证明与体现,个人信息保护并不是要划定一条固定的边界,而是应当促进和加强在特定场景下的保护并实现信息的正常流通与使用。

（二）具体情境下的目的特定与使用限制原则

在信息快速流转与二次价值开发的商业模式中，个人信息在收集环节很难考虑到全部潜在使用可能。目的特定原则要求企业基于特定目的对个人信息进行收集，同时信息的利用和传播环境也不得违背该初始目的。互联网的广泛应用以及信息技术的进步实现了对数据价值二次利用的可能，企业在收集个人信息之初并无进行目标之外用途的计划，但数字技术环境的变化推动了诸多创新性应用的产生，实践活动中也不可避免地存在大量对信息的再次利用。在数据作为重要生产资料的时代，需要对信息风险的控制与信息价值重复利用带来的收益进行平衡。使用限制原则是在目的特定原则上的衍生，对使用目的的僵化遵循无助于时代发展需要，在对个人信息进行有效保护的同时还应当兼顾信息的正常流通与合理使用，对可能造成的人身和财产损害等风险进行及时的控制。企业对信息的使用应当符合信息收集时的具体情境，如果计划将信息用作目标范围外的用途，就应当在信息采集时以突出并易于采取措施的方式进行告知，在提升信息处理透明度的同时赋予个人选择权。

电子商务活动中以同意为中心的个人信息保护制度，将权利平衡力量从收集个人信息的企业转移到阻止信息收集的个人，同意的权利可以使个人在市场中具有更大的议价能力，迫使企业对隐私更加敏感。在各类商业模式下根据不同情境调整信息使用原则对于企业发展尤为重要，对具体情境的遵循，首先应考虑企业在使用个人信息时是否以提供产品和服务为目标，提供相关产品与服务是否必须对个人信息进行收集和使用，分析二者间的关联度并进行综合判断。在商业实践中对具体情境的考量为企业收集和处理个人信息提供了有效的指引与标准，企业应结合具体情境展开对个人信息的收集和使用，在对信息进行重复使用时提升处理的透明度并赋予用户更多选择权，加强处理信息灵活性的同时，充分考虑不同用户对具体情境的理解，通过对用户意见的分析可综合判断引发用户担忧的信息类型，以此引导企业作出明确的判断与决策，通过对不同场景的分析与考量，企业可以选择以何种方式向用户进行告知并取得明确的同意。

电子商务活动中企业会通过掌握的用户信息改进交易内容并提升产品体验，在这些方面对用户信息进行使用无须再次获取用户的同意，但企业未经许可披露用户移动设备的唯一标识符，获取信息的第三方通过使用标识符追踪用户行为并发送有精准营销目标的广告时,企业就应当向用户履行告知义务,用户则有权拒绝该披露行为。企业所提供的新产品与服务往往是基于在线广告的支持,这种广告支撑形态下的商业模式为达到推广产品的目的,会向用户提供可以免费使用的应用程序以及免费访问的在线服务等。企业在收集信息的环节就需要明确告知用户提供个人信息可以获得什么样的产品与服务,如果企业为达到其经营目标,将信息用于可能诱发歧视对待、影响信用评定等方面的分析时,这种使用与披露就违背了对具体情境的遵循。基于商事活动高效的特点,企业不需要对每一项数据使用情况详细说明,但如果要向其他使用数据的第三方披露用户信息时,就需要对此内容进行突出说明与强调,并为用户提供能够阻止该行为的选择和机会。

第三节 对个人信息的类型化区分与保护

个人信息安全措施需要明确个人信息类型,保护规则应当包括两方面的目标与要素,即信息的敏感度和个人对其使用的合理期待。个人信息的不同类型所承载的人格利益受保护程度有所差异,在对信息保护与信息流通之间进行利益权衡时,应当根据不同的信息类型进行不同的判断与选择。针对个人信息的分类,学者们持有不同观点,最典型的分类主要包括:第一,敏感信息与一般信息。企业在处理用户敏感信息时应当受到更多限制,并需要获得主体的明确同意,为达成交易目标所提供的一般信息则无须再次获得同意。第二,陈述性信息与评论性信息。前者以信息主体联系方式、所在地等客观事实为内容,后者则以对信息主体的综合评价与价值判断为主要内容。对于陈述性信息,主体可以要求进行更正;而评论性信息是在数据积累过程中逐步形成的,对其内容的更改往往需要进行较长时间的论证,这个过程会阻碍个人信息的流通与价值的实现。第三,已公开的个人信息与尚未公开的个人信息。本节主要基于敏感信息与一般信息的分类标准,从加强对敏感信息的保护和促进一般信息的流通的角度展开论述。

一、加强对个人敏感信息的保护

对企业而言,在收集与传播信息过程中处理信息的界限通常不明确,多数情况下也不会对个人信息进行敏感度的分类与测评。随着移动设备与应用大范围的普及,企业可以通过用户的智能手机监控其网络活动并收集相关信息,为了保护移动设备用户的敏感信息免受未经授权的访问、处理和披露,就需要更加完善的措施和更为先进的技术程序。要平衡不同利益诉求,就需要加强分类保护和使用流通,最大限度地平衡信息的个体价值与社会价值。综观各国立法与国际组织条约,界定个人敏感信息采用的方法主要分为立法列举模式和综合考量模式。

立法列举模式通过列举敏感信息的种类,主张以立法方式禁止对其收集和处理。立法列举模式认为应根据信息的性质决定应当采取何种保护措施,这也是目前各国界定个人敏感信息的主要方式。综合考量模式认为,界定个人敏感信息不能仅仅基于信息的性质,还应当根据信息处理的目的与情境等因素来判断是否敏感,结合信息处理的因素综合考虑,又进一步分为"目的说"与"情境说"两种观点。其中"情境说"认为确认个人信息敏感的标准是依据其所处具体情境进行判断的,该学说在德国和奥地利有悠久的历史。历史发展、文化背景各不相同,各国对信息敏感度的界定也有各自的标准,近年来的立法趋势就是对易引发歧视的特定敏感信息予以特殊保护,个人敏感信息的界定应保持一个动态的列举方式,根据经济社会发展、信息科技、数据处理能力等方面的变化进行调整。正如张新宝教授提出的:"个人敏感隐私信息是一个动态范围,需要结合社会发展动态与科技发展水平等对列举类型进行灵活修正。"[1]

个人信息中有部分信息具有高敏感性,公开或处理可能会导致人格被侵害并引发歧视,需要为敏感信息增加预警标签并提供更为严格的保护。欧盟《通用数据保护条例》第 9 条在基本敏感数据之外,还明确列入可以通过技术手段识别出的特定个人的基因数据与生物数据。个人敏感信息的特殊性在于对其处理是被明令禁止的,除非满足特定的例外条件:数据主体同意或数据主体已主动将上述信息公开;出于公共利益需要或与公共利益相关的科学、历史、归档

---

[1] 张新宝:《从隐私到个人信息:利益再衡量的理论与制度安排》,载《中国法学》2015 年第 3 期。

或统计等目的;为了保护或履行合法的诉求必须对敏感信息进行处理。2020年3月正式发布的《信息安全技术 个人信息安全规范》参照国际国内标准对个人敏感信息的范围进行了确认,同时对个人敏感信息的处理提出了更高要求,如对敏感信息的加密及其他安全措施的采用等。2021年8月通过的《个人信息保护法》第28条规定:"敏感个人信息是一旦泄露或者非法使用,容易导致自然人的人格尊严受到侵害或者人身、财产安全受到危害的个人信息,包括生物识别、宗教信仰、特定身份、医疗健康、金融账户、行踪轨迹等信息,以及不满十四周岁未成年人的个人信息。只有在具有特定目的和充分的必要性,并采取严格保护措施的情形下,个人信息处理者方可处理敏感个人信息。"

二、促进一般信息的流通与使用

个人信息的类型化区分目的在于适用不同的保护与使用规则,对敏感信息予以特别保护,减少处理一般信息的限制,不同类型信息代表着不同的利益诉求,类型化划分有助于平衡多方主体间的利益。在保护个人信息时,法律无须对各类信息都提供高强度的保护,而应根据信息类型和适用场景作出区分,保障信息的合理开发与使用。目前多数国家与地区进行制度设计时都主张信息主体积极参与、自主决定信息的使用范围、确认信息的正确完整,这种信息自主模式主要依赖知情同意的程序性机制。美国学者丹尼尔(Daniel)认为,信息自主模式无法应对现有的风险,人们在认知方面的困难削弱了对隐私的自我管理,隐私不仅与个人相关,同时还具有社会功能。[①] 我国也有学者指出,未进行区分同意的复杂且冗长的隐私条款,一方面增加了信息主体的同意成本,使"同意规则流于形式"、"用户权利被架空"、"无法提供实质性保障";另一方面也使企业需要承担的合规成本不断增加,这不仅阻碍了信息的正常流通,也影响了对信息价值的开发使用。

我国分别于2012年和2020年发布了《信息安全技术 公共及商用服务信息系统个人信息保护指南》与《信息安全技术 个人信息安全规范》,这两个国家标准明确区分了个人一般信息与敏感信息,针对个人敏感信息的具体类型、

---

① Daniel J. Solove, *Data Mining and the Security – Liberty Debate*, 75 University of Chicago Law Review 343(2008).

收集处理要求等方面进行了规定。《信息安全技术　公共及商用服务信息系统个人信息保护指南》主张根据不同信息种类采取不同的同意规则,收集一般信息时可采用默许同意方式,面对敏感信息时则需要主体的明示同意与授权;《信息安全技术　个人信息安全规范》规定收集个人信息需要主体的授权同意,敏感信息则需要明示的同意。这种区别对待的方式虽无法彻底消除同意规则所存在的弊端,但能在某种程度上对僵硬的明示同意规则进行补充,使企业合规成本适度降低。随着信息技术发展,匿名处理后的数据依然能够复原并识别到具体主体,这更加凸显了对个人信息保护的迫切需求,应当在保护方法上及时调整并回应时代发展特点。

2011年5月,知名咨询公司麦肯锡(Mckinsey & Company)在全球范围内首次从经济与商业维度发布了有关数据发展潜能的研究报告,指出:"数据早已经渗透到各行业领域,并已转化为重要的社会生产要素,对于海量数据的使用也代表着新的生产率增长以及消费者盈余的到来。"经营者可以从收集的海量信息中了解用户消费偏好与心理特征,进行精准营销并提供个性化产品与服务,促进交易双方的共赢。用户个人不仅是信息的接收者,还是数据与信息的发布者,大量的网络浏览记录、在线交易行为、社交平台互动以及新闻跟帖与评论等都为各类研究提供了海量数据。加强对一般信息的使用,充分挖掘并实现其潜在价值,已成为各国掌握新信息时代话语权的必然选择。

电子商务企业应当对个人信息进行类型化区分,对一般信息以及敏感程度较低的琐碎信息提供标准化保护,对较为敏感的信息则需要采取更为细致与严密的保护策略。针对这种分类保护设计方案,可以帮助企业提升声誉,吸引更多用户并增强其信任,提高企业经营效益与竞争力。企业应在良好的信息化环境中对收集到的个人信息进行挖掘并分析其潜在价值,以实现其经营目标并保持竞争力,同时严格遵守规定并充分重视信息安全,避免可能导致用户信息风险的研发与应用。信息技术渗透到了生产生活的方方面面,在这种环境与背景下,每一种社会关系都被信息化系统所统率,相应的制度也需要不断调整,对个人信息的分类保护与合理使用的利益再衡量是立法与治理层面的重要起点与基础。

三、扩展信息处理的合法性基础

个人信息的保护规则不仅应当更加详细具体,还需要对当事人的容忍义务、公共利益等因素进行评估以确定保护强度,简单的保护规则不仅不能及时反映社会环境的变化,还会给信息持有者带来沉重的负担。① 在电子商务环境下进行个人信息保护时,不能仅依靠传统的"全有或全无"模式判断,而应当进行综合考量,限制对私人敏感信息的处理。不同的行为方式和信息内容决定了不同的社会关系对信息的收集与使用,应当以信息流转主体间存在的社会关系为基础,根据具体场景有不同的要求,这就需要在多样化的场景与社会关系中维持不同的社会形象。"场景理论"试图构建出一套既可以充分考虑各方利益,又能够适用不同情况的隐私保护制度,但对于如何根据不同的场景采用不同的保护强度,国内外围绕场景理论的讨论都较少涉及。② 为了平衡信息保护与信息处理间的利益诉求,个人信息保护规则追求的价值目标也应当包括促进电子商务产业的发展。

首先,根据个人信息类型开展不同方式与程度的保护。在个人信息外延持续扩展的前提下,如果对信息的内容与类型不加区分,为所有个人信息提供完全相同或类似的保护方式,并不符合现有信息流通与处理的保护需求。应当对那些与人格尊严密切相关的"敏感信息"给予充分保护,对其他信息进行一般保护,而对已公开的部分个人信息则鼓励合理使用。③ 只有将种类众多、内容丰富的信息进行类型化区分与处理,才能从根本上改变个人信息概念的模糊定位,并避免在规则适用过程中的流程化与空洞化。对个人信息予以不同类型的区分,制定不同保护强度的规则在实现全方位保护的同时,还可以促进信息产业的正常发展。

其次,个人信息处理标准的多样化。在呈现出多元化特征的社会生活中,个人信息收集与处理的合法性基础也应当多样化,不应当以简单类型涵盖全部。在当事人同意、信息已合法公开以及为社会公共利益目的之外,还应当包

---

① 范为:《大数据时代个人信息保护的路径重构》,载《环球法律评论》2016 年第 5 期。
② 丁晓东:《个人信息私法保护的困境与出路》,载《法学研究》2018 年第 6 期。
③ 张新宝:《从隐私到个人信息:利益再衡量的理论与制度安排》,载《中国法学》2015 年第 3 期。

括个人信息面临的处理风险较低、个人信息不具备敏感性等其他合法性理由。在信息产业快速发展的前提下,制定政策时需要不断扩展信息处理的合法性基础,为企业收集与处理个人信息提供合法性框架,充分实现数据信息的潜在经济价值。

最后,依据投入成本的高低实现对信息权益的分配。在电子商务活动中,企业对用户信息的集中处理往往需要投入大量资金与技术,从鼓励产业发展角度出发,企业为挖掘信息潜在商业价值投入必要成本后,在此基础上所获得的合理收益应当受到保护。信息在经过处理分析后形成的是独立的衍生数据,这些衍生数据与原始用户数据不存在直接联系,企业在投入技术、资金后获得对衍生数据的相应权益。个人信息具有社会与公共属性,并不绝对地专属于个人,因而个人的意愿并不是信息处理和相关利益分配的全部依据。数据的收集、处理以及技术的研发都建立在企业投入大量资源的基础之上,收益无法保障会增加经营风险,也就无法实现可持续良性发展。根据比例原则,只要不损害当事人的人格尊严,不侵害当事人的隐私,企业就能够在合理的范围内收集和处理个人信息,并对投入成本获得的衍生数据享有相应的权益。

第六章　行业自律与法定安排：电子商务环境下个人信息保护制度的建构

　　信息技术应用于电子商务活动是将用户个人信息流转变为高度聚集的数据类型的过程，信息的汇集与创新推动着在线商业模式的不断发展的同时，这种数据分析模式也具有令人难以想象的入侵性，不仅能通过掌握用户的兴趣爱好并生成行为图谱，发掘人们的私密信息，还能针对特定情境进行预测并提出建议。当信息技术成为一种革命力量席卷全球电子商务活动时，我们需要思考，如何努力在技术进步所提供的机遇与诱发的风险间实现平衡。谈及个人信息保护这一议题时，往往会联系到法律保护手段、自律约束方式以及技术防御措施，我国受大陆法系影响，构建全面法律制度的保护模式通常不存在争议。本章延续对前文个人信息保护与信息流通之平衡目标的思考，分析我国现有个人信息保护法律规则，探讨我国电子商务中的个人信息保护应遵循的价值定位、选择的保护模式，以及如何进行内容设计与结构安排，提出应根据电子商务行业特点，明确不同类型个人信息匿名化的水平，对数据流通的隐私风险进行评估，确保个人信息处理和服务符合数据保护与隐私要求，使保护规则能够尽快适应电子商务发展需求，在维护信息主体合法权益的同时实现对个人信息资源的有效使用。

第一节 个人信息保护价值目标与体系

一、个人信息保护与处理中的利益衡量

（一）个人信息保护价值维度解析

自20世纪60年代以来，以计算机、微电子、网络等为内容的信息技术掀起了新一轮的技术革命浪潮，自此人类社会开始步入信息化进程，各类信息资源也开始成为推动社会进步的重要财富。电子商务的发展离不开对信息资源的开发与使用，对海量个人信息进行汇集和分析，将挖掘出的价值用于增进整体社会福祉的同时，也在不同程度上引发了对个人信息权益的威胁，催生了经济生活中人们对保护自身信息的安全需求。面对不断升级的多元化利益诉求，健全的制度设计有助于在权利保护与资源流通之间达到有效平衡，以实现对不同利益位阶的科学合理安排。

制度的基本理念与价值决定了其内容、框架和具体实施方式，在以信息化为特征的网络时代，自然人的人格可通过海量数据信息进行描绘。国际上理论与立法层面基本达成共识：作为主体行为状态与轨迹的数字化表达，个人信息中蕴含着每个人的生活状态与社会交往记录，多样化的信息组成了主体的数字形象并形成了人格的外在化标志。在信息科技的助推下，个人在网络上开展的活动会留有痕迹，追踪这些轨迹可以实现对个人生活的全程记录。新兴技术能够整合个人碎片化信息，个人信息图景会随着行为信息的不断积累而逐渐形成。马斯洛在《动机与人格》一书中提出，"主体受到他人尊重的重要条件就是人格标识的真实与完整"。[①] 只有保持信息化人格与本人的一致性，消除信息化形象可能被操控的疑虑和恐慌，信息主体才能获得完整的人格尊严与自由，这也是在制度设计中需要首先考虑的因素。个人信息保护的另一个重要价值维度就是保障个人信息的正常流通与使用，宜按照实质正义的标尺，适当限权并有条件地承认行业自律规范的效力，从而给权利人和信息收集、使用者留下

---

① ［美］亚伯拉罕·马斯洛：《动机与人格》，许金声等译，中国人民大学出版社2007年版，第31页。

意思自治的空间,鼓励他们通过合作博弈共同促进信息自由。

(二)个人信息商业价值的开发与使用

个人信息商业价值的挖掘与企业经营策略有直接关联,目标精准的营销方案建立在掌握用户需求基础之上。商事活动产生发展至今,经历了从规模营销到数据库营销的转变,强调精准定位并了解用户消费偏好,通过更为高效的广告发布手段提升营销效果,并获得更多的效益回报。新信息技术使企业开展商务智能分析成为可能,经营者将收集到的用户信息与智能技术进行结合,能够以用户需求为导向制定经营目标,并以此提高决策的效率与合理性。商业活动的正常运行离不开对个人信息的收集与使用,这与全国甚至全球范围内的信息的收集与使用活动密切相关。随着信息化进程对社会发展的影响与渗透,各种信息资源早已成社会发展所必需的生产资料和重要财富。信息化进程与经济目标相互影响,经济格局也在保持着调整与重塑,传统产业的数字化升级、服务模式的转变、新产业的崛起都建立在个人信息的开发与使用基础之上。

通信技术与交互平台的媒介作用影响着人们与周围环境的关系,经过特别设计的产品能够塑造人们理解世界的方式并影响人们的思考与行为。信息技术的发展可能会对人们行使权利的能力与方式产生影响,如经过设置的搜索引擎可以对搜索结果进行排序与干预,相关信息也会被过滤,目的是使搜索结果与产品的广告费用与受欢迎程度挂钩。在数字经济发展浪潮中,各电子商务平台与企业会大量收集用户网上行为数据信息,根据用户购物习惯与偏好精准发送广告,通过对用户网上行为与轨迹的跟踪与检测,识别出用户潜在价值并进行分类,以实现盈余最大化。平台与企业将收集到的信息纳入数据库系统,进行挖掘、比对与分析,以实现对个体的精准描绘与产品服务的推送。电子商务用户通常也会参与这个过程,通过分享其个人信息换取符合细致需求的产品与个性化服务。

二、个人信息的价值类型

(一)个人信息的自主价值

个人信息的自主价值是指个人自主支配与使用其信息以达到人格自由发展目标的价值。人格的发展依赖社会交往活动,在信息化时代社会交往往往以个人信息的使用为重要方式,但这种使用必须是基于信息主体意愿的自主使用,否则无益于人格自由发展目标的实现。自主价值是指个人能够自我决定对其信息使用的内容与范围,即个人选择以何种方式实现其信息价值,法律制度对于个人信息的自主使用无须过多介入,否则会对信息的自主使用造成不必要的妨碍。实现个人对其信息的自主使用的前提是他人不得以违反主体意愿的方式对其信息进行处理和使用,非经本人授权同意的收集与处理会产生超出预期的结果,并对个人的生活造成无法预测的影响。尊重信息主体人格尊严与自由的重要体现就是获得本人的同意,在实践中这种同意可以用明示、默示或强制许可等多种形式来表达。

在与外部环境交互过程中,个人占有信息量的多少十分关键。一方面,为减少信息不对称的情况,需要尽可能获取更多他人信息,在对信息进行分析后对外部环境作出合理判断;另一方面,为减少他人对自己的影响,又需要尽量减少自身信息不必要的传播与扩散,因而个人都会尽量追求信息优势。在实践活动中,获得这种优势目的在于实现自身利益的最大化,体现在能够影响甚至控制他人的行为。这种信息优势越明显,对他人的影响力和控制力也就越强,但对于不占据信息优势的一方来说并不利于其人格自由发展。个人在实现其信息自主价值过程中普遍存在矛盾,个人为自身发展需要尽可能获取更多他人信息,但又不愿自身信息被随意获取和传播。实现平衡的关键在于获取主体的明确同意,使个人能够对外部环境的反馈有所预期并及时调整自身行为。信息的自主价值不仅体现并保障了主体人格的独立,也决定了主体人格在社会交往中的地位并延续到信息流转的全过程,个人在进行社会交往过程中很容易被集体意见影响或裹挟而导致独立性缺失,因而需要法律制度特别关注与保护,确保对信息的收集与使用建立在主体独立自主意愿的基础之上。

(二)个人信息的社会价值

信息的财产属性已得到了学界的普遍认同,但在社会活动与信息市场中的公共资源价值还未得到充分挖掘。对于个人信息的归属,长期以来存在的误区是"个人信息只属于个人",这种观点片面强调个人信息的人身与主体特性,赋予主体对其信息的排他性支配权,如知情同意原则规定的非经个人同意他人不得随意使用其信息等,但实际上个人信息除去个体属性外,还具有极强的公共属性,是对主体社会行动与轨迹记录的结果。信息主体与个人信息间的关系主要在于信息的具体来源,但对来源的追溯并不等同于对归属的确定,这种来源关系并不是主体对其个人信息进行垄断的权利来源。个人信息是主体开展社会交往与进行社会活动必需的重要因素,各主体有必要收集活动对象的相关信息作为进行社会活动的判断与选择的参考。

目前,个人信息中所蕴含的重要社会资源价值缺乏充分挖掘,现有保护规则尚未对这一重要属性予以确认,只是反复强调了个人信息的支配性与排他性特点。信息与时序会对决策行为及后果产生重要影响,这不仅体现了信息作为工具的基本功能,凸显了信息在交易过程中作为关键因素和重要手段所起到的作用,还是信息的社会与公共资源价值的重要体现。信息经济学领域的相关研究证明,信息已成为取得财产的重要手段与途径,是一种具有不可限定价值的利益,①信息早已成为影响决策行为与博弈结果的重要因素。② 个人信息作为信息资源的一类,也面临着向商业化与资源化方向的演变,并呈现出开放性、变动性、利益性以及可交易性等特征。电子商务时代的发展能源与基础就是实现对数据的最大限度的社会化利用,通过个人信息的流通、使用与共享,有效发挥个人信息的潜在效用与资源价值。

(三)个体价值与社会价值的调和

个人信息保护法的核心价值与目标不仅是为信息主体创设基本权利,还需要理顺不同机构与主体在个人信息流转和使用过程中的利益关系。个体价值的数据保护制度旨在保护个人对其数据的控制,但技术进步使个人几乎不可能保持对其数据的完全控制,这一理论如果不进行完善,不仅无助于保护隐私,而且将对技术进步产生不利影响。个人信息的概念需要通过社会价值的概念来强化,以便在平等的基础上实现信息自由流动,社会发展不能忽视技术进步带来的普遍公众利益,这种利益在很大程度上取决于个人数据的自由流动,甚至在许多情况下,公共利益的优先级可能超过受影响的个人隐私价值。个人信息的本质既是个人的权利,也是一种具有重要社会影响的精神权利,个人隐私的价值不能与社会中个人的价值分开,个人信息对个人和社会发展都有好处,这两个维度以协调共生的方式共同发挥作用。鉴于此,对个人信息价值的评估必须考虑社会的因素。开放的信息流不仅对自治至关重要,而且有助于企业提供

---

① 参见马俊驹、梅夏英:《无形财产的理论与立法问题》,载《中国法学》2001 年第 2 期。
② 参见靖继鹏编著:《信息经济学》,清华大学出版社 2004 年版,第 357 页。

正确的产品,并且在正确的时间,有效地、低成本地为客户提供服务。

当今世界,我们被互联网服务包围,享受网上银行、数字媒体和在线购物的便利的同时,社交网络也在改变人们互相交流的方式在网络世界中人们管理资产、购物、阅读,并离线参与社交生活,互联网和相关技术进步是各种活动得以开展的新渠道。互联网技术融入社会,形成一个基于网络的社会技术系统,这个系统并没有将世界分为两种不同的社会制度,而是通过不同的空间体系被同时纳入人们的社会生活,形成一个统一的系统,现阶段应当制定符合在线环境的信息保护政策与标准。个人对其信息的控制与个人内在发展有关,而信息保护则与抵抗来自外部入侵有关,个人信息价值不仅是个人对其价值的主观想象,还指涉及社会诸多主体的多方面作用与影响,因此不仅应注重其主观的个人价值,还须整合客观标准。这种理念不仅限于被动地抵制信息侵权,还应加强信息保护措施,预防可能存在的个人信息风险。识别社会背景对于解决个人信息保护与多领域使用之间的冲突至关重要,在确定个人信息使用的背景时,如果没有先例可用,应当首先识别特定社会活动的目的、潜在结果以及目标价值,再将这些综合分析结果用于探索个人信息的流通与保护间平衡。

三、以确权方式构建个人信息保护规则

我国立法体系主要沿袭了大陆法系立法传统,设计制度以体系完整与逻辑严密为基本目标。确立个人信息权,是对扩张民法价值内涵、实现规范层面设计以及信息社会发展需求的回应,同时也是为构建完善的个人信息保护制度体系打下良好的基础。随着新技术的发展与应用,仅依靠事后救济手段已无法有效保障个人信息安全,只有赋予信息主体更多权能,才能实现保护目标。对个人信息权予以确认,赋予主体包括控制、修改、删除、排除侵害以及获得人身与财产救济的系列权能,有效引导个人信息的商业使用步入合法轨道,明确信息流通与使用的具体规则,可对个人信息的使用方式进行指引。当信息受到非法侵害时为其提供救济依据与渠道,在信息时代,个人信息价值的实现应当建立在个人信息保护与合理使用两种基本诉求之上,立法者需要完善制度以实现个人信息中的自我价值与社会价值,并设计出契合时代要求的法律保护体系。

数字经济时代赋予了个人信息更多的价值内涵,其所承载的价值已不局限于人格尊严与自由。在各产业中的商业价值以及在社会活动中的公共管理价

值，都需要在制度设计环节进行综合衡量，对不同价值的权衡将成为构建个人信息保护体系的理论起点与基础。① 个人信息作为多种价值的载体，对其保护的终极目标并不在于信息本身。信息中蕴含的价值包括主体人格独立、精神自由以及财产权的保护等，保护这些价值的方式就是对具体权利予以确认，个人信息权可以将承载的所有价值置于统一的权利之下并形成系统工程，以达到个人信息保护与流通、目标的平衡。立法对符合基本权利价值要求的法益进行确权保护，不仅是民法对个人信息价值实现与确认的过程，更是作为自主性秩序的法律制度对社会发展需求的调整与适应过程。

第二节 个人信息保护规则与义务主体责任

一、被遗忘权利的细化

近年来，无论是网络服务商还是电子商务经营者，都在发掘数据所隐藏的巨大价值。信息控制者与处理者会长期保留并反复使用这些数据，数据存储的时间与使用频率对应着信息被滥用的概率，当数据的收集与使用威胁到信息主体的相关权益时，就需要新的方式使权利人可以自我决定并控制其信息。与物权人能够通过物理手段控制权利不同的是，作为权利客体的个人信息被收集后，无法采用有效的控制方式，实践中只能通过法定或约定的义务对信息控制者与信息处理者进行约束。在电子商务活动中，个人很难知晓信息泄露源并确定适格的诉讼对象。为了恢复权利人对其信息的控制，降低信息被随意收集和滥用的风险，应对权利人信息控制权进行扩张，允许要求"遗忘"其网络行为数据，例如要求信息控制者删除、更正或停止处理其个人信息。我国《电子商务法》第24条第1款以确认删除权的方式给予用户控制其信息的权利与方式："电子商务经营者应当明示用户信息查询、更正、删除以及用户注销的方式、程序，不得对用户信息查询、更正、删除以及用户注销设置不合理条件。"《个人信息保护法》第4条第2款规定："个人信息的处理包括个人信息的收集、存储、

---

① 参见张新宝：《从隐私到个人信息：利益再衡量的理论与制度安排》，载《中国法学》2015年第3期。

使用、加工、传输、提供、公开、删除等。"第21条第2款规定:"受托人应当按照约定处理个人信息,不得超出约定的处理目的、处理方式等处理个人信息;委托合同不生效、无效、被撤销或者终止的,受托人应当将个人信息返还个人信息处理者或者予以删除,不得保留。"

(一)被遗忘权的发展

被遗忘权,是指主体有权对无关或不合时宜的个人信息提出疑问并删除、纠正或更正误导的能力。人类的大脑由负责处理信息的千亿个神经元组成,这与互联网几乎无限的存储空间形成鲜明对比,人类具有的遗忘这种选择性适应行为,为信息主体提供了摆脱过去并重新开始的方式。不同于人类大脑的"不完美与健忘"特征,网络几乎记录了所有主体的行为轨迹,并且这些信息永久可访问,信息主体隐藏过去行为的能力是有限的。[1] 在目前的网络系统中,储存记忆不会被轻易改变,主体必须采取特别措施才能使特定信息被遗忘。处理和存储大量信息的搜索引擎和社交网络在不断增强人类记忆,这些脱离了特定背景的数据可能会给信息主体带来不利影响。为确保对个人信息完整性的非偏见化处理,应当在某种程度上允许不利于现有行为的记录被删除。网络平台部署的精确算法不断改进着信息运行模式,用户能够以极快的速度准确定位他们所寻找的资料,将他们发现的内容交叉引用到其他搜索中,并获得他们想要获取的内容的完整画面。在这个不断变化的环境中,发展被遗忘的权利是必要的,信息主体通过行使该项权利有机会重新定义自己的社会形象。

被遗忘权可以被视为数字世界的一个基本默认规则,主要目标是使数据系统更具人性化,为了允许数字世界的认同、发展和演变,用户应该有权消除负面或可疑的历史内容。数量众多的在线广告、云计算服务以及数据全球化的发展使用户希望更好地控制其在线信息。现代技术具有的持久性、可搜索性和共享功能经常交织在一起,往往会弱化个人对其信息的控制,而一个受损或错误描述的虚拟身份可能会对个人社会地位产生长期影响,无限制的分享行为,可能会影响他们对社会和公共生活的参与。

---

[1] See Danel J. Solove, *The Future of Reputation: Gossip, Rumor, and Privacy on the Internet*, 11 Yale University Press 1157(2007).

(二)对被遗忘权的不同观点

被遗忘权在产生之初经常被当作一项具体权利来讨论,也有人视其为一种美德或政策目标。① 对于被遗忘权概念的界定存在不同领域与层面的认知,但学者们在某种程度上达成了共识,即当对信息进行再次处理的背景与环境不再具备,而且再次使用信息将会对主体造成实质性的经济、机会损失或者情感伤害时,人们将拥有一项重要的法益,既不必暴露其过去的个人信息,也不会受到遥远和不相关信息的影响。②

1. 对已公开的信息进行的适时删除行为

关于将被遗忘权作为一项基本权利看待,雷丁(Reding)提出的主要观点是被遗忘权的适用条件与前提是,当出现信息收集时确立的使用目标达成、不再需要继续使用等情形时,或者同意储存的期限届满以及信息主体撤回了同意时,个人都有权要求移除其全部信息。③ 保罗·伯纳尔(Paul Bernal)认为被遗忘权是在删除权基础上作出扩充的一项新权利。④ 加夫列拉(Gabriela Zanfir)则认为被遗忘权不是一项新产生的权利,是由欧盟《数据保护指令》中的删除权与更正权演变而来,⑤该指令第12条(b)项规定数据主体享有删除、更正或阻断处理数据行为的权利,第14条对反对权的规定也为权利的构建提供了基础。被遗忘权是对信息自决理念的延伸与发展,行使的目标是使已被公开和共享的信息再次回归隐私领域。⑥

2. 个人信息在特定领域公开与使用的限制

部分学者主张应将遗忘能力适用于一些特定领域,如破产法、信用记录等方面,从而消除久远或误差信息对人们行为的影响,使其在面临新的环境时能

---

① 参见[英]维克托·迈尔-舍恩伯格:《删除:大数据取舍之道》,袁杰译,浙江人民出版社2013年版,第234页。

② See Azurmendi A., *The Spanish Origins of the European "Right to be Forgotten": The Mario Costeja and Les Alfacs Cases*, 17 Berkman Center Research Publication 43(2014).

③ See Reding V., *The Upcoming Data Protection Reform for the European Union*, 1 International Data Privacy Law 3(2011).

④ See Paul Bernal, *A Right to Delete?*, 2 European Journal of Law and Technology 1(2011).

⑤ See Gabriela Zanfir, *Tracing the Right to Be Forgotten in the Short History of Data Protection Law: The "New Clothes" of an Old Right*, Reforming European Data Protection Law 227(2015).

⑥ See Meg Leta Ambrose & Jef Ausloos, *The Right to be Forgotten Across the Pond*, 1 Journal of Information Policy 14(2013).

够拥有同样的机会。① 这个层面的被遗忘权并不强调对信息的删除,而是侧重于规制信息的使用。

3. 主体享有表达并改变观点的自由

此种观点认为,主体享有被遗忘权的前提在于,网络虽然有长久的记忆能力,但任何主体不应被局限在当时所发表的观点,应当享有改变或删除已有观点的自由,无须担心目前表达的内容在将来可能导致的影响。随着社会环境的变化与时间的推移,人们持有的观点与思维方式也会变化,表达意见的方式也会随之调整。因而,主体应当享有对以往观点修改或删除的权利,避免在自由表达时受到过往观点的束缚与影响,或对当下社会交往能力与自主表达意愿造成阻碍。

(三)被遗忘权在当下的适用范围

被遗忘权的塑造可以从两方面进行:主体享有在特定情况下要求删除其个人信息的权利,以及限制使用或披露主体过往的信息。对信息的删除与信息自决理念都建立在赋予主体对其信息的控制权基础之上,主体可在信息收集时同时设置信息的储存期限,当期限届满时该信息可自动删除。在信息经过处理与使用后,可主张对特定信息删除的权利,但实践中该权利的行使并非易事,会面临诸多难题,如多数用户往往难以在事前明确其信息到期日。在主张删除权时以何种标准进行判断,基于哪一方的利益角度进行分析,如何平衡不同主体间的权利冲突等,都需要进一步细化与完善。为保障权利能够真正落实,不仅需要在立法环节不断完善,还需要强大的技术支撑。

从特定领域对信息公开与使用的限制分析,权利诉求适用范围相对较窄,也更具谦抑性,所面临的困难与挑战也会相对较少。它所关注的并不是通过增加综合性措施加强对信息的控制,而是侧重控制信息的采集和使用。对被收集使用的个人信息删除的权利与对个人信息在特定领域的使用限制所采用的视角是不同的:从权利属性判断,主张删除信息是侧重主体享有的权利,而对信息使用的限制则侧重强调控制者的义务;从基本目的出发,前者主要为达到在特定情境下删除个人信息的目的,后者则是对主体过往负面信息的披露和使用进

---

① See Blanchette J – F & Johnson D. J. , *Data Retention and the Panoptic Society*: *The Social Benefits of Forgetfulness*,18 The Information Society 33(2022).

行阻止;从关注的重心判断,前者更加关注信息的储存与删除,而后者倾向于关注对使用限度的约束。

对被遗忘权的讨论,在无形中推进了个人权利的保护进程,但较其他保护方式而言,被遗忘权的适用因其较高的施行成本和操作难度也面临一些问题,在人们增强的维权意识下,易走向信息主体普遍主张权利的极端,并导致司法资源的浪费,因此,被遗忘权的引入应当遵循比例原则,并对现有法律规定进行细化。比例原则是源于行政法的一项基本原则,主要包括妥当性、相称性以及必要性三个方面,[①]在塑造被遗忘权过程中,遵循比例原则是个人信息保护与信息自由流通相平衡的关键。目前我国个人信息保护规制重点在于调整对个人信息的收集与处理,而有关个人信息的控制与删除问题还处于初始阶段。以欧盟《通用数据保护条例》第17条为例,用户在数据遭受违规处理时,基于撤回同意等情况而提出请求删除个人信息的,无论对司法机关还是数据控制主体而言都会面临巨大的压力,当前的适用条件还有待细化与完善。根据必要性与适当性标准,逐步将比例原则部分内容纳入个人信息保护体系,同时通过条件审查等方式防范用户滥用被遗忘权。

被遗忘权的行使不应阻止信息的正常流通,利益衡量若过度倒向人格权保障,是否会使企业和商家有目的地更改搜索引擎上的链接,塑造对自己有利的形象,亦有待观察。

二、增设义务主体保护个人信息的义务

(一)对个人信息设置默认保护

信息控制者与处理者在决定信息收集、储存和处理方式的过程中,应当从完善组织措施、加强技术模式与程序规则等方面保障主体权利,使信息处理活动满足法律规则要求。信息控制者可依据目前的信息技术发展水平、现有最佳操作实践以及处理信息过程中可能面临的风险等级,综合判断自身是否达到信息安全的评价与考量标准。对用户信息设置的默认保护不应仅关注某个环节,还应涵盖信息的整个使用周期,全面加强信息的保障措施,包括物理安全性,信

---

① 参见[德]哈特穆特·毛雷尔:《行政法学总论》,高家伟译,法律出版社2000年版,第238-239页。

息的保密性、完整性与准确性等。企业所设置的信息默认保护状态,还需要结合电子商务交易方式、数字经济发展环境、共享数据的流通性等诸多因素进行持续探索与确认。

(二)对个人信息保护的影响评估

因个人信息处理过程涉及目的、性质、内容、范围等多方面内容,采用新技术处理信息往往具有较高的风险性,可能会导致个人信息面临特定风险时,就需要进行信息保护影响评估(data protection impact assessment,DPIA),即在处理信息之前,控制者应当对个人信息所处的操作环境的综合保护水平开展系统评估,必要时寻求信息保护机构的指导与建议。对信息处理的影响进行评估,目的在于限制并减少违反信息保护规则的行为。欧盟将信息操作的影响评价纳入数据保护改革中,并对义务主体需要开展的影响评估进行了列举:在公共区域对主体进行监控;对敏感信息的处置;采用自动处理技术绘制主体数据行为图谱;对诸如基因数据、生物学数据的处理。当大型数据处理系统需要处理海量个人信息,有可能影响到广泛群体时,尤其需要对信息保护的影响进行评估,评估措施主要包括:对信息开展的处理与操作的说明,对可能导致主体权益风险的评估,对遵守法律规定并采取措施降低风险的说明;对信息删除的期限予以明确;基于特定目标的信息处理的必要性进行评估;对处理信息所处背景的评估。

我国《个人信息保护法》第55条正式引入了个人信息保护影响评估制度,并规定了强制适用的场景与评估的内容框架,明确规定:"有下列情形之一的,个人信息处理者应当事前进行个人信息保护影响评估,并对处理情况进行记录:(一)处理敏感个人信息;(二)利用个人信息进行自动化决策;(三)委托处理个人信息、向其他个人信息处理者提供个人信息、公开个人信息;(四)向境外提供个人信息;(五)其他对个人权益有重大影响的个人信息处理活动。"

我国《个人信息保护法》已经确立了个人信息保护影响评估制度,但相关内容仍需细化与完善。目前个人信息保护影响评估事项相对宽泛,面对不同场景需求的不确定性,缺乏对不同行业与领域特殊风险的考虑,也会对评估的效果产生影响。电子商务领域与其他行业在个人信息处理方式和风险程度上就存在显著差异,并非所有情况都满足影响评估的启动条件,如果个人信息保护影响评估的适用范围过于宽泛,必然导致企业过大的运营成本与压力,评估易流于形式；如果评估范围设定得过窄，又不利于控制风险，用户个人信息权益得不到有效保障。电商平台在处理用户数据时，所面临的风险与传统线下经营中处理少量数据的情况截然不同，应围绕电子商务活动的特点，明确影响评估的适用范围，在评估过程中关注安全与效率的价值平衡。考虑到电子商务领域的独特性和特殊性，有必要通过制定行业指导方针、实施风险分级措施等方式对评估范围进行更加精细化的界定。

《个人信息保护法》中要求评估报告与处理记录至少保存三年，但并未明确规定评估过程与结果是否应当公开。在不侵害商业秘密和不影响商业效率的前提下，平台与企业应对个人信息保护影响评估的过程与结果进行必要的公开，如评估的主要结论、评估时间与评估次数等。评估报告的披露有助于监督平台对个人信息处理进程与状态，帮助利益相关者与公众了解评估的具体内容，减少信息不对称。通过将评估报告的非核心技术内容公开，各方利益主体可以更好地参与个人信息保护影响评估的决策与讨论。结合风险确认、风险等级划分、风险控制等措施，创设场景化的影响指标体系，充分考虑信息处理中的数据特性、技术的复杂度等因素，构建完善的评估指标体系。

三、明确义务主体对外承担责任的方式

（一）对信息控制者与处理者责任的划分

在电子商务环境下，诸多平台与企业都在收集和处理个人信息。长期以来，有关信息控制者与处理者如何划分责任与义务也存在诸多疑问，诸如由谁决定信息处理的方式与目标，以及如何进行责任分担等问题仍然需要明确。欧盟对不同类型的参与者进行了区分，就具体责任而言，最重要的是数据的"控制者"与"处理者"，"控制者"被定义为单独或与他人共同以"明确的处理目的和手段"处理数据的实体[①]，"处理者"被定义为"代表"处理个人数据的实体。[②]这些概念共同构成了分配合规责任的基础，在确定组织承担的责任方面起着决定性的作用。欧盟《数据保护指令》对信息控制者与处理者如何承担责任采用

[①] See Art. 2(d) Directive 95/46; art. 4(7) GDPR.
[②] See Art. 2(e) Directive 95/46; art. 4(8) GDPR.

了这种划分方式,即控制者决定着处理者的目的与方式,在违反义务时需承担责任,而处理者代表着控制者的利益,并负责执行数据信息的处理,其义务由信息控制者与处理者间缔结的合同明确。为应对技术发展和全球化的挑战,立法机关选择保留《通用数据保护条例》中现有的控制者和处理者概念,但是这两种主体之间的责任内容与责任分配有了显著改变。

欧盟数据保护工作组认为需要厘清信息控制者与处理者各自的角色,并确认各自的权利与义务,评估对信息处理事实、法定安排以及合同的影响,同时也明确表达了共同控制者存在联合的可能性。该条例对控制者和处理者之间的责任和义务分配进行了部分更改,尽管控制者仍然是合规的主要责任方,但是处理者也承担了许多义务,如果处理行为不合规则,需要直接对数据主体负责。对于因违法处理个人数据而引起的任何损害,控制者通常应承担相对严格的责任。一旦发生侵权行为,控制人就不能仅通过证明不存在过失来逃避责任,因此,即使控制者在选择或监督处理者方面没有出现过错,控制者仍应对处理者代表其进行的非法处理活动负责,只有能够证明对造成损害的事件不应承担任何责任,控制人才能免除全部或部分责任。

(二)联合信息控制者承担连带责任的情形

在信息处理过程中,围绕着信息控制者与处理者承担责任方式有不同观点。欧盟《通用数据保护条例》第82(2)条规定,处理过程中涉及的任何控制人原则上均应对所遭受的损失负责。如果单独审视该条规定,可能会假设联合控制人和独立控制人都面临同等的责任风险,但事实并非如此。从理论上讲,联合控制人始终对在联合控制下的加工活动造成的损害承担责任,而单独的控制者仅对由其进行的加工活动造成的损害结果承担责任。联合的信息控制者可通过协议的约定决定信息处理的目的与方法,该约定必须适当反映联合控制人对于数据主体的各自作用和关系,即使联合控制人之间存在约定的承担责任的方式,原则上也要对数据主体承担全部损害的责任。在网络空间中,即使是拥有先进定位与追踪技术的大型企业,要想准确追踪到个人信息流转的全部轨迹也同样有较大难度,作为信息主体若缺乏相关信息的渠道或者专业知识,就无法确认信息所处状态。当联合信息控制者共同决定如何处理信息以及采用的措施时,可在遵守已有规则的前提下,对各自范围内承担的责任与义务进行分配,这样的安排是基于各自与信息主体间的关系以及所承担的具体责任基础上,如果无法明确责任划分,则应当由信息控制者与处理者承担连带责任。

第三节　个人信息保护模式与企业处理信息合规方案

一、个人信息保护模式选择

信息技术发展给电子商务中的个人信息保护带来了新的挑战,允许企业以前所未有的规模利用个人数据以指导和预测具体活动,同时收集和共享个人信息的规模也在呈现不断增长态势。在电子商务场景下,企业主要业务仍致力于盈利,但依然需要更加全面的数据保护规则以保护用户信息安全。数字经济快速发展的一个重要前提就是用户对企业的信任,保护措施的缺位会导致用户对线上购物活动丧失信心。大数据和云计算、在线社交网络、在线广告等新技术极大地改变了个人数据的处理和使用方式,因此有必要建立一个强大且一致的数据保护框架,在维护用户信息安全与促进商业交易的需要之间取得平衡。当今社会的发展依赖信息系统为日常生活提供动力,虽然数字信息技术推动社会产生巨大变化,但这些信息系统及其后续信息资产的安全措施并未与创新活动配套发展,导致了信任受损和企业商誉的丧失,各国都在努力寻找有效的解决方案,这不仅需要网络安全技术方面的进步,还需要加强企业内部人员培训以及完善相应技术流程。数据收集过程创造了一个庞大并不断增长的开放市场,各平台与企业可以收集、存储和传播用户的个人信息,这会在不同程度上危害用户在浏览网页和进行在线交易时的信息安全,并限制主体对信息的控制力和保护权利的能力。

在线交易模式下用户无法访问企业收集和存储的信息,对企业持有和共享的信息状态缺乏全面和准确的了解,而信息主体控制权的行使需要在掌握相关信息前提下采取行动,这意味着现有的数据保护系统不仅应该促使行动成为可能,还应该提供足够的信息以使主体能够正确理解并作出决定。应当允许用户查看信息处理者所存储的信息,如果用户可以访问已共享的数据,他们可以采取预防措施来阻止欺诈、避免不正当的身份验证、防止因数据不准确造成的其他危害和不便。但授予用户查看被存储或收集的数据信息的权利也存在相应的风险,应当采取措施保证数据在最初输入阶段的准确性,而不仅仅是在数据流通和共享阶段进行数据的验证。

目前很多国家使用的数据保护模式主要有全面立法模式、特定部门与领域立法模式、行业自律以及基于技术的保护方式。全面立法模式对于公共和私营部门的个人信息的收集、使用和传播进行全面规范,各部门通过制定针对特定行业部门的法律保护个人信息,行业自律模式强调建立企业和行业内保护个人信息的行为准则,基于技术的模式多通过改进技术方案加强信息保护。目前国际上通行的全面立法保护模式以欧盟为代表,具体是指执行严格的个人数据保护标准方案,以统一立法的方式将各个行业涉及个人数据保护的所有方面结合起来,要求所有成员国采用类似形式的立法,遵循统一数据保护规则人的个人信息保护原则和保护标准。全面立法模式旨在对所有相关行业在统一制度下对个人数据的处理实施严格的标准,当个人信息未按照既定规则和指导原则处理时,为信息主体提供补救的权利。该模式要求任何形式的个人数据转移和共享过程必须遵守法律的规定,收集和使用个人信息的机构与企业收集信息过程中符合充分保护要求和个人信息保护标准,对出现的任何争议进行调查和解决。全面的保护模式通过制定统一的规则对个人信息的收集和使用进行限制,并促进信息市场的发展。

特定部门与领域的立法模式是指在电子商务、金融、教育、医疗保障等领域进行专门立法,以加强对特定风险管理的控制。正是基于此种保护模式,在数据信息自由流通推动下的产品与服务的创新也获得了较大发展空间,依靠市场的运行规律与调节方式,结合行业监管与企业自律,企业可以在政府较少参与的情况下执行自己的信息保护标准和方式。该种保护模式的缺陷在于当超出政府监管范围,或其他行业制定了新的保护标准时,不同领域间很难形成并执行统一的个人信息保护规则,这使建立用户与企业都可以遵循的隐私标准变得更加困难。该种立法模式能够影响电子商务交易的活动和对市场的投资,在确定行为的界限方面拥有更多的透明度和稳定性,减少了交易者对可预期的法律保护的不确定性,对违规行为的惩罚可以降低诚信企业的声誉建设成本,强有力的法律规范也会影响用户对交易的态度,提高对市场和契约的信任程度。基于在线市场的潜在交易风险,这种信任在电子商务活动中尤其重要,同时应综合考虑商事活动的营利性特征以及电子商务领域的发展状态,充分重视电商环境对信息流通与使用的特殊需求。

二、电子商务行业与企业自律

(一)行业自律模式的主要优势

行业内部的自我规制与管理实质上是一种集体治理的方式与过程,是行业内各组织的共同行动和自我约束与管理。在数字经济环境下,数据与信息是推动社会发展的重要资源。随着新兴产业的迅速崛起,电子商务领域中个人信息保护同样需要依赖行业自律措施,以促进未来的电子商务发展并保护个人在收集和使用信息方面的基本权利。[①] 行业内自律行为是一种基于成熟市场的自下而上、自觉自发的机制,是具有灵活性、专业性以及经济性等特点的高效管理方式。灵活性是指行业自律规范可根据行业发展变化及时进行适应与调整,能够对信息社会不断涌现的情况与问题进行及时应对,能够针对具体问题予以灵活适用,而无须像法律规范那样具有较为严格的适用标准;但自律规则的灵活性只是相对于法律规范而言的,即使是行业内部的约束与监督机制,也具有一定的强制性与原则性。专业性是指由相关的行业联盟与协会根据行业内个人信息保护特点与需求,制定符合本行业发展需求与专业特点的标准、指引或规范,这种细化的专业性规则是一般立法较难完成的。经济性是指通过行业自律行为可以节省公共资源,其较强的自治性和相对简易的程序有助于提高保护效率并降低执行成本。

在电子商务领域自律组织与机构,通常掌握着更多的实务专长和专业化的技术知识,因而往往具有创新潜力,其监督、执行以及修改成本都会相应降低,自律机构的管理成本主要是由行业内部承担。然而,行业自律机制也有其不足:第一,行业自律指引与规范并不具有负责执行机构,企业与组织只是在自觉前提下遵守自律规范;第二,目前多数行业自律规范主要表现为行业指南、标准或认证,制定标准与适用方式都有随意性,缺乏明确具体的规范指引特征;第

---

① See W. Gregory Voss et al. , *Privacy*, *E-Commerce and Data Security*, 48 International Lawyer 103 (2014).

三,行业内自律规范制定时往往建立在维护行业与企业发展的需求基础之上,侧重考量维护本行业与企业的利益,往往会与现有的个人信息保护规则存在潜在利益冲突。企业内部的个人信息保护专员多数会选择具备专业知识并富有经验者担任,保护专员负责监督个人信息的收集、流通与处理等诸多环节,能够对数据控制者进行的处理行为展开监管,并根据实际情况提出更加可行的指导与意见,并能有效监督企业处理个人信息行为,但企业内部监督机制往往会受到管理机构的经营行为以及高管决策的影响,在某些情况下可能会发生监管失灵等问题。

(二)企业自律的重要价值

企业自律在电子商务交易中对于保障用户权益发挥了重要作用,企业应当对本行业及相关行业的产业运行方式有充分了解,其自律行为须是客观和独立的,应当在行业内部激励企业进行科学管理并妥善处理个人信息保护中所出现的复杂情况,企业的诚信在增强用户对电子商务交易的信任方面发挥着重要作用,通过增加与其交易的用户数量而获得经营优势。自我约束和监管方式的灵活性使电子商务行业能够对技术的变化迅速作出反应,并使用新技术来克服数字发展引发的新问题,以便为用户提供完善的保护。企业应当关注以下方案:向用户提供真实、明确、全面的产品信息;保护用户免受以误导性方式提供产品的商家行为的侵害;按照承诺或者提供的方式提供商品或服务;如果合同中有商家不承担责任的条款,须进行明确清楚的说明;保障用户因不符合约定质量的产品而获得赔偿或者退款的权益;企业有义务在向儿童、老年人或其他不能完全了解所提供信息的人进行广告和营销时提供特别注意提醒。

在开展具体业务时,企业应充分实践平衡原则与安全原则。平衡原则,即企业并不总是以利润为导向,而应诚实经营并充分重视用户的地位与权利;安全原则,即每个用户都应当享有企业提供的安全商品与服务,提供足够并清晰的信息帮助用户作出准确的判断。电子商务企业实施自律方案,保护网络经营数据和个人隐私,对提高用户对交易的信任度具有重要意义。一些国家的行业自律组织制定了关于企业如何收集、保存、使用个人信息的行业标准与规定,要获取用户信任,企业必须构建较为完善的自律模式。电子商务交易要求企业理解和实施社会责任理念,以推进电子交易体系的健康运行,行业与企业的自律行为必须在已有立法框架和监管下进行,在交易过程中,企业的信息安全意识也有助于保障用户权利的实现。

三、企业处理信息合规性与保护方案

(一) 企业处理个人信息面临的挑战

电子商务企业在经营过程中汇集了大量的个人信息,企业基于经营目标与利润需求希望收集尽可能多的个人信息,以充分利用数据信息中隐藏的巨大商机。随着新技术的不断涌现,越来越多的企业开始依赖信息系统推动基本业务的运转,大量数据在不同的业务部门、信息系统以及业务流程中持续生成、流通和保存,并与第三方进行数据分享与交换。在商事活动中,多数企业对个人信息的风险防范都有一定的认识,但在激烈的竞争环境下,以及内部组织结构变更、业务范围调整、信息技术环境变化等因素的影响,企业往往无法做到全面及时的保护。随着用户各类个人信息面临着更加复杂的外在数字环境,对敏感信息的保护需求与风险防范措施正在成为企业决策者在信息安全方面首先关心的问题。企业规模的不断扩大,分别在不同国家与地区开展业务,这就需要面对不同的信息管理系统与网络基础架构、与其他第三方服务商开展协商洽谈、使用不同的采购与销售流程,同时还需要适应不同的监管需求,企业如果无法有效控制用户敏感信息的使用与流向,那么信息在跨地区、跨领域以及跨机构的复制与传播过程中就会面临着较大风险。移动应用与云计算发展使信息的访问途径与储存途径获得前所未有的拓展与开发,数据规模不断扩大、使用方式更加丰富,同时个人信息也面临着难以预测的风险。近年来的研究表明,企业在处理个人信息过程中,监测、通报、响应等诸多环节都会不同程度导致成本增加以及其他负面影响。目前在全球范围内,企业处理和复制的数据呈指数级快速增长,应当如何有效管理用户个人信息已成为企业发展面临的重要挑战。

随着信息技术在生产生活各领域的普遍应用,包括电子商务企业在内的组织发展越来越依赖信息技术支撑的生态系统,各项信息技术贯穿企业经营的全过程,作为企业生存发展必需的重要生产要素,信息资源的重要价值被不断挖掘与使用以提升企业竞争力,与之对应的是构建企业日常经营的网络、操作系统、数据库、应用系统等资源日益庞杂,维护与管理成本也在保持逐年增加的趋势。在电子商务平台日益复杂与开放的时代,个人信息的安全管理也面临着更多的挑战:信息生态系统支撑下的业务迅速增长,企业采用更为先进的设备、应用与

系统为其业务开展提供关键功能,同时还需要应对管理这些资源的复杂性,用户在进行交易中需要对不同级别的设备、系统、应用进行访问,但目前分散的身份与口令管理系统导致极低的访问效率与用户体验,不同类型用户需要不同级别的安全访问控制系统,现阶段多数电子商务企业还无法提供这类信息技术。

随着信息生态系统对信息的界定在不断变化与延伸,单纯依赖现有技术无法有效规避潜在风险,企业不仅需要面对个人信息与隐私的安全与保护问题,还需要满足不同层面立法的合规要求。事实上,在移动应用设备广泛普及的情况下,企业也面临更加严峻的信息安全问题,在没有建立敏感信息保护体系以及产品服务加密机制的情况下,网络通信与移动介质的频繁使用会导致更多敏感数据与隐私信息的泄露。个人信息与敏感数据会在企业经营过程中贯穿整个业务流程,而对个人信息的管理缺乏明确责任界定是多数企业普遍存在的情况。

(二)企业处理个人信息过程中的合规要求

电子商务中信息的商业使用秩序与个人信息保护是一个问题的两个方面,从我国现有立法来看,更多强调用户对个人信息的知情与同意,而对电商企业的行业规范则较少。行业规范的缺失导致用户对企业的数据商务活动缺乏信任,需要明确企业行为规范以及从业者的责任与义务,增强数据处理过程的透明度。

1.《通用数据保护条例》中的企业合规机制

信息技术的进步和存储容量的增加,使企业能够以更为广泛的方式收集、处理和追踪数据,出于营利与发展的需要,企业越来越倾向于将这些数据用于包括个性化服务和营销等在内的各种经营目标,但是新技术和服务会产生严重的隐私风险,这种情况可能会降低人们对企业的信任,并减缓创新和新技术的发展,企业如果没有实施适当的数据保护措施可能会错过许多新的商机。收集、处理和利用个人数据的企业必须遵守信息收集规则并面对新的挑战,包括企业层面提高认识和全面培训,在组织和技术层面加强对文档处理操作的保护措施。在这种情况下,企业显然需要大量的时间、资源和指导来实现对个人信息的保护,目前企业还普遍缺乏对新规则施行后的要求和变化的认识和理解,应当对企业进行包括组织实践、技术系统设计以及人员培训等新任务。将该条例纳入问责制原则,要求公司证明其合规性,引入实质性的制裁措施使得企业需要承担违规后的赔偿责任,企业需要采取各种行动、规划并分配新的职责完整记录数据隐私政策和流程,这些都会对企业现有的资源使用产生重大影响,并可能要求学习新的专业知识并掌握新的风险管理政策。

近年来,通过互联网发展的业务活动不断扩展到国际市场,企业正在收集和传输更多的跨国数据,要求它们实施隐私和数据保护标准,违规使用以及泄露用户个人信息的行为也会影响企业的经营与声誉。对企业而言,应当鼓励其改变思维方式,认识到保护用户个人信息不仅是一种合规机制,还是一种改善企业经营的方法,企业应当有能力证明它们能够充分保护其收集、使用、转移和保留的个人数据,保持盈利能力以及与用户保持良好关系。[①] 通过建立处理个人信息的合规框架,通过提高认识、增加培训、风险评估和加强监督等措施帮助企业建立内部机制使其遵守新的要求。

2.《信息安全技术 个人信息安全规范》对企业行为的参考意义

2020年3月6日正式发布的《信息安全技术 个人信息安全规范》参照了欧盟《通用数据保护条例》有关"控制者"的概念,确认规范主体主要包括个人信息控制者以及决定信息处理目的、方式等在内的组织或个人,围绕对个人信息的收集、分享、传播等处理活动提出了超过130项具体保护措施,规定内容详尽并具有较强的指导性,尤其是围绕用户同意的模式,个人敏感信息的范围界定、合法性与最小化要求的执行准则以及隐私政策的制定等,对企业的信息处理活动具有重要的指导作用,企业可依据规范制定隐私政策、审查企业行为的合法性以及建立完备的用户信息保护制度。根据该规范的要求,企业在进行个人信息安全建设中需要对如下几个事项进行关注。

首先,个人信息的获取与删除。企业收集个人信息活动是所有保护措施的初始步骤,信息控制主体在获取信息过程中,必须充分遵循最小需求原则,与开展业务无关的信息不应收集。企业在满足合规要求前提下通过间接方式获取信息的,还应当承担对个人信息保护的同等责任。其次,第三方信息处理机构的合规要求。企业在与第三方合作时需要考虑到,当第三方参与对个人信息数据的收集、分享、再加工等活动时,该第三方主体需要承担对这部分信息的保护

---

① See Jeremy Berkowitz, Michael Mangold & Stephen Sharon, *Data Flow Maps – Increasing Data Processing Transparency and Privacy Compliance in the Enterprise*, 73 Washington & Lee Law Review Online 802(2017).

责任,与第三方开展合作并不意味着安全责任的免除。作为信息控制主体的企业应当与第三方机构签订协议约定安全维护责任,协议内容主要包括对信息的采集和使用原则、配套的安全保护措施、信息泄露时的处理措施、在结束合作时企业对信息的回收以及第三方对包括原始和备份数据的销毁等。最后,信息泄露后的应急处理措施。电子商务用户在面临日益复杂的网络环境和层出不穷的营销手段时,无法彻底避免个人信息泄露,因而就需要企业构建并完善应急处置预案,除了按照国家网络安全事件应急预案及时上报监管部门,还应以易于理解的方式向信息主体进行及时告知。企业应结合自身业务内容与范围,学习相关法律法规和标准,回顾并评估与具体合规要求存在的差距;定期对数据流和业务情况进行梳理,掌握哪些用户信息被收集以及是否存在过度收集的情况;确认数据的本地或云端存放位置,定期在机构内部开展个人信息保护培训工作,包括保护个人信息的操作实施指南,以及信息泄露后的处理机制与流程等。

(三)隐私保护方案设计与风险影响评估

电子商务中个人信息保护机制的目的在于,确保电子商务营运及服务提供流程中个人信息的隐秘性、完整性及可用性,电子商务从业人员也需要依据信息安全相关政策进行营运及服务,信息处理及营运管理以用户权益优先,任何可能影响用户权益之资料处理程序或方式,均应被反复检测并研究出对信息主体影响最小的方式,若发现不符合法律、法规等情形,须向相关主管部门进行汇报。在电子商务交易过程中,应确保所有交易信息的机密性、完整性及其可用性,相关交易记录依法律要求之保存期限进行保存、备份,其他安全措施应被执行以确保交易信息之可用性,所有提供客户之产品信息、价格信息及其他交易重要数据均须确保其正确性,所有涉及个人信息之交易记录均须符合相关规则要求,对用户进行告知、取得同意并符合特定目的之使用。企业应当在其产品和服务开发的每个阶段满足用户隐私需求,隐私设计要求企业在日常业务运营中建立实质性隐私原则和相关程序保护,企业应在其产品和服务的整个生命周期内保持全面的数据管理程序,可以通过实施诸如问责机制等方法,以确保在提供产品服务过程中解决隐私问题。

企业应将数据收集与特定交易的背景进行结合,基于法律的要求与明确授权,以及在与用户协商一致后进行数据收集与处理,与特定交易背景不一致的数据收集应选择恰当时间以突出的方式向用户进行披露。明确特定交易背景下的数据收集可以帮助企业评估它们的数据收集是否与用户的期望一致，企业应对数据的收集与保留实施合理限制，一旦超出收集的合法目的就应予以处置，并根据关系的类型和数据的使用情况进行灵活调整。企业应采取合理措施，确保收集和维护的数据的准确性，特别是此类数据可能造成重大损害或不利于为用户提供服务的，但是电子商务活动特点需要为企业创造适当灵活性，提高企业收集和维护行为准确性的最佳方法是赋予其灵活性，按照预期用途和信息的敏感性进行调整。企业应当采取合理措施确保数据的匿名化，并公开承诺定期维护并以合理方式使用数据，而不是试图重新识别匿名数据，如果企业向其他服务提供商或第三方提供这些匿名化的数据，应该在合同中明确禁止试图重新识别数据的行为。

企业开展的隐私风险评估是针对所拥有的数据的机密性、完整性及可用性等方面进行的隐私风险评估，目的是了解个人信息处理的风险等级，并汇总相关风险分析结果，作为后续拟定安全控制措施之依据。在隐私风险评估中，企业应依照个人信息处理流程、确认存在的信息处理及分析项目是以何种形式存在以及个人信息的类别，根据这些信息设计个人信息风险等级基准值，并依据个人信息类别与数量进行等级判定。

（四）系统设计与安全职责分配

电子商务企业应当严禁一切非法收集与处理用户个人信息之行为，所有设备包括网站主机、个人电脑及其他相关资源或资料仅允许作为电子商务营运相关目的使用，避免从业人员将企业设备及资源用于任何个人目的或非营运目的，并明确个人信息及机密资料保护政策，所有从业人员需要尽保密之义务，在资讯处理过程中实施合适的控管及保密机制。与电子商务活动相关之所有人员、厂商或与信息处理相关之第三方均应签署保密协议并遵循相关保密义务及规定。为确保电子商务交易安全，所有信息处理设施及数据服务均须进行风险评估，并针对风险评估之结果进行处理。对于重要信息安全的控管，应确认新进人员、合约商及第三方人员在接触电子商务营运、交易活动前熟知信息安全政策，若信息安全政策有修改，应于政策更新后重新对相关从业人员进行指导。企业应当对掌握个人信息进行定期核查，范围涵盖全部业务流程，当处理信息流程发生变化时，须重新进行全面的信息核查。

企业对系统功能的设定影响着收集信息的行为，系统功能以更加模糊的方式收集的数据范围会越发广泛并导致隐私风险增加，企业应当明确系统需要收集、处理和传播的数据类型与范围，根据收集限制原则严格依照系统的功能开展活动。个人信息在被收集、处理和传播过程中必然伴随着各种风险，这些风险主要来自数据控制者和第三方企业与用户，风险类型主要有公开曝光、成像分析、提供链接等，基于不同风险需要不同的应对策略，系统设计也需要随风险等级进行调整，在基本设计之外，企业还需要考虑其他因素以满足多方利益相关者的诉求。实际上，企业信息系统的需求通常并未以个人信息保护为核心，而是需要全面考虑并实现数据的安全性、可用性、完整性等价值目标，因此需要对信息保护方案进行反复设计与权衡以便满足多方需求。

企业在制定个人信息安全方案时应紧密结合整体信息安全规划，充分考虑发展战略、合规要求和风险管理等，企业需要意识到，对个人信息的保护并不仅仅是针对相关信息技术作出的一次性投入，而是贯穿经营活动全部环节并持续改进的过程。企业收集、处理个人信息的过程与各层级管理机构人员、各流程负责人员以及相关技术人员都有着不同程度的联系，企业需要对负责人员职责进行科学规划与分配，明确工作人员的信息安全角色：信息安全协调小组主要负责不同部门间的信息保护协调工作；高层信息安全成员主要负责与信息安全相关的事务并保持与管理层的持续沟通，这两个信息安全机构应当明确其职责划分并拥有丰富的信息安全事件处理经验，为其提供充分的授权和顺畅的沟通途径。在基本信息安全职责分配之外，还应针对核心应用系统和重要关键项目指派专门的信息安全人员，其职责主要包括制订并推行特定的安全计划或方案，对保护措施的实施开展日常监督并协助调查信息安全事件等。针对用户隐私信息与敏感数据，可结合企业内现有信息安全管控计划制订具体标准与管理措施。

（五）信息安全技术保障手段

在信息生态系统支撑发展的市场环境中，对个人信息的处理融合于企业主要业务的各流程，并涉及多个岗位和部门，企业必须拥有技术保障以及时识别出敏感信息并确认信息泄露的渠道，否则难以对个人信息进行及时保护。首先应界定受保护信息类型及等级，针对信息泄露风险制订访问控制策略，在收集、使用、处理、传输和销毁信息的全部环节采用不同技术方案进行控制管理。企业网站应当设计简明易懂的隐私政策,内容包括收集的数据、目的、删除等内容,用户可通过以下方式了解企业对个人信息的保护规则:浏览器可以自动检查站点声明的策略是否满足用户的要求,并通过特定图标通知他们验证结果,网页与 App 还可以向用户通知存储的个人信息并识别获得对其访问的第三方,但这种类型的站点必须具有非常精心设计的接口以确保它们不会误导用户。如欧洲生命隐私和身份管理项目(Privacy and Identity Management in Europe for Life,Prime Life)允许用户了解正在浏览的网站所使用的一些技术方案。例如,网站是否使用 Cookie,如何查找用户地理位置,怎样向第三方分析内容或采用其他跟踪手段,并可以根据对网页的整体评估,提出具体的解决方案以改善网站的隐私界面,用户可以使用工具来查阅跟踪网站以及数据互动的图表等内容。

在电子商务环境下,企业可针对相关技术类别与不足提出具有针对性的风险处置方案,根据风险承受能力和优先级,提供的技术措施包括:(1)进行全面身份管理和访问管理,联合身份认证以及单点登录等相关技术,有助于对不同应用系统的用户身份进行统一,进行职责冲突检查并设计访问控制矩阵,为智能化、系统化的信息保护体系打好基础。(2)进行系统优化,改进现有信息安全控制配置,加强并及时更新网络、服务器、终端设备、软件、存储等设备环境。(3)对海量信息处理日志开展实时监控与分析,提升自动识别技术以对安全事件作出及时响应,保证高风险及具备优先级事件可以得到快速和妥善处理。

(六)制订企业信息安全计划

信息和通信技术允许企业以前所未有的规模使用个人数据,企业的发展需要更加完善与强大的数据保护框架,并得到强有力的执法支持,通过创建用户信任能够进一步推动电商市场的发展并确保个人信息的自由流通。从事数据处理的企业可被视为数据控制者并受到法规约束,拥有大型数据库或拥有内置搜索功能的企业应根据不同发展阶段审查其隐私政策,制订书面信息安全计划,并以透明和具有成本效益的方式推进,计划内容应当包括:指定一名或多名员工协调保障;识别和评估公司运营的每个相关领域的用户信息风险,检验当前保障措施的有效性以控制这些风险;设计和实施保障计划,并定期监督和测试;选择合适的服务提供者并与他们签订合同以实施保障措施;根据相关情况评估和调整保护程序,包括企业业务安排或运营方式的变化。这些措施有助于企业审查其信息安全实践以确保其信息安全计划是全面的、最新的。

从信息主体的角度来看,权利的引入有助于企业受到更严格的审查,促使企业以更加谨慎的态度对待用户个人信息。法律变革不是在真空中发生的,数据安全改革也不例外,企业实际上可以通过遵守法规的方式来获得显著的经济利益,还需要指出的是,如果面临同样的合规要求,任何一个企业都不会因数据安全措施的投入而面临竞争劣势。① 任何处理个人信息的企业都应考虑实施包含下述要素的安全计划,企业董事会应监督内部信息安全计划的发展,批准书面程序,并监督该计划的实施和维护;作为信息安全责任的一部分,必须将安全政策的实施指定给具有必要知识、专门技能以及执行权力的个人,同时该计划的权限和责任、实施和管理的路径需要进行明确说明。

第一,对风险的评估。企业需要对不同信息环境下的风险进行定期评估,以此确定并合理预见可能存在的外部威胁,这些威胁可能导致未经授权的披露、误用、更改等,在执行此评估时企业应考虑诸如硬件设施、软件漏洞、攻击方法、网络拓扑、与外部方的合同要求、控制环境(如策略、程序、实践、预算、组织图和培训)以及测试结果等因素,企业一旦确定了对信息安全的合理可预见的威胁,就须评估这些威胁的可能性和潜在数据,并考虑风险数据的敏感性程度,评估现有政策、程序、信息处理系统或其他安排的充分性,以控制所确定的风险。

第二,对风险的管理。在完成风险评估后,企业须设计一个信息安全程序来控制所识别的风险,该计划必须与所发布信息的敏感性以及企业活动的复杂性相对应。在确定采取何种安全措施来控制和管理风险时,需要在适当情况下实施以下措施:信息系统的访问控制,在物理位置的访问限制,对加密程序的设定,信息系统变更管理程序,双重控制程序、职责分工以及员工背景检查,监视系统和程序,检测潜在的及实际存在的攻击或入侵,对将要采取的行动的响应程序,以及其他防止个人数据被破坏、丢失或损坏的措施。

第三,对信息安全的培训。这是任何信息安全计划的重要组成部分,从事信息处理的人员应具备适当的资格,并应接受持续的培训,以确保随时掌握当

---

① See Michael D. Simpson, *All Your Data are Belong to Us: Consumer Data Breach Rights and Remedies in an Electronic Exchange Economy*, 87 University of Colorado Law Review 669(2016).

前的技术和方法以保护用户的个人信息。企业还须定期测试其信息安全计划的关键控制、系统和程序,测试的频率和性质由企业自行决定,但必须与风险评估结果一致。

第四,对获取信息服务的审查。企业应采取某些措施来保护与第三方服务提供商共享的用户信息,在选择服务提供商时进行适当的尽职调查,监控第三方安全措施的实施,在高风险环境中,尤其应采取更加安全的预防措施。如对某些类别的员工进行背景调查,检查数据处理设施的安全性及合规性。

第五,向董事会报告工作。个人信息安全负责机构应当每年向董事会进行报告,报告应采用书面形式描述并讨论信息安全计划的总体状况,包括风险评估、风险管理、控制决策、服务提供者安排、测试安全漏洞或违规行为的结果和管理层的回应,以及对安全计划变更的建议等内容。

参考文献

一、中文著作(含译著)

[1][美]阿丽塔·L.艾伦、[美]理查德·C.托克音顿:《美国隐私法:学说、判例与立法》,冯建妹等编译,中国民主法制出版社2004年版。

[2][德]伯恩·魏德士:《法理学》,丁晓春等译,法律出版社2013年版。

[3]白锐主编:《电子商务法》,清华大学出版社、北京交通大学出版社2013年版。

[4]崔聪聪等:《个人信息保护法研究》,北京邮电大学出版社2015年版。

[5][日]城田真琴:《大数据的冲击》,周自恒译,人民邮电出版社2013年版。

[6][英]戴恩·罗兰德、[英]伊丽莎白·麦克唐纳:《信息技术法》,宋连斌等译,武汉大学出版社2004年版。

[7][德]迪特尔·梅迪库斯:《德国民法总论》,邵建东译,法律出版社2001年版。

[8]电子商务法起草组编著:《中华人民共和国电子商务法条文释义》,法律出版社2018年版。

[9]高富平主编:《个人数据保护和利用国际规则:源流与趋势》,法律出版社2016年版。

[10]郭瑜:《个人数据保护法研究》,北京大学出版社2012年版。

[11][德]黑格尔:《法哲学原理》,范扬、张企泰译,商务印书馆1961年版。

[12]靖继鹏编著:《信息经济学》,清华大学出版社2004年版。

[13][德]康德:《道德形而上学原理》,苗力田译,上海人民出版社2002年版。

[14]孔令杰:《个人资料隐私的法律保护》,武汉大学出版社2009年版。

[15][德]卡尔·拉伦茨:《德国民法通论》,王晓晔等译,法律出版社2003年版。

[16][美]罗伯特·考特、[美]托马斯·尤伦:《法和经济学》,史晋川等译,格致出版社、上海三联书店、上海人民出版社2012年版。

[17][美]理查德·波斯纳:《法律的经济分析》,蒋兆康译,法律出版社2012年版。

[18]刘德良:《论个人信息的财产权保护》,人民法院出版社2008年版。

[19][美]达雷尔·M.韦斯特:《下一次浪潮:信息通信技术驱动的社会与政治创新》,廖毅敏译,上海远东出版社2012年版。

[20][美]劳伦斯·莱斯格:《代码2.0:网络空间中的法律》,李旭、沈伟伟译,清华大学出版社2009年版。

[21]梁上上:《利益衡量论》,法律出版社2016年版。

[22]李晓辉:《信息权利研究》,知识产权出版社2006年版。

[23]林喆:《权利的法哲学:黑格尔法权哲学研究》,山东人民出版社1999年版。

[24]刘志慧主编:《电子商务法律法规》,清华大学出版社2015年版。

[25][美]曼纽尔·卡斯特:《网络社会的崛起》,夏铸九等译,社会科学文献出版社2006年版。

[26][美]罗斯科·庞德:《通过法律的社会控制》,沈宗灵译,商务出版社2010年版。

[27]齐爱民:《捍卫信息社会中的财产——信息财产法原理》,北京大学出版社2009年版。

[28]齐爱民、徐亮:《电子商务法原理与实务》,武汉大学出版社2009年版。

[29]齐爱民:《大数据时代个人信息保护法国际比较研究》,法律出版社

2015年版。

［30］北京互联网信息办公室编:《国内外互联网立法研究》,中国社会科学出版社2014年版。

［31］王泽鉴:《民法总则》,中国政法大学出版社2001年版。

［32］王泽鉴:《人格权法:法释义学、比较法、案例研究》,北京大学出版社2013年版。

［33］王利明:《人格权法研究》,中国人民大学出版社2012年版。

［34］［英］维克托·迈尔-舍恩伯格:《删除:大数据取舍之道》,袁杰译,浙江人民出版社2013年版。

［35］［英］维克托·迈尔-舍恩伯格、［英］肯尼思·库克耶:《大数据时代:生活、工作与思维的大变革》,盛杨燕、周涛译,浙江人民出版社2013年版。

［36］［美］文森特·R.约翰逊:《美国侵权法》,赵秀文等译,中国人民大学出版社2004年版。

［37］［日］五十岚清:《人格权法》,［日］铃木贤、葛敏译,北京大学出版社2009年版。

［38］王忠:《大数据时代个人数据隐私规制》,社会科学文献出版社2014年版。

［39］薛虹:《知识产权与电子商务》,法律出版社2003年版。

［40］徐海明:《中国电子商务法律问题研究》,北京理工大学出版社2017年版。

［41］谢远扬:《个人信息的私法保护》,中国法制出版社2016年版。

［42］［美］亚伯拉罕·马斯洛:《动机与人格》,许金声等译,中国人民大学出版社2007年版。

［43］［英］约翰·穆勒:《论自由》,孟凡礼译,广西师范大学出版社2011年版。

［44］俞立平等编著:《电子商务概论》,清华大学出版社2012年版。

［45］周庆山:《信息法教程》,科学出版社2002年版。

［46］张新宝主编:《互联网上的侵权问题研究》,中国人民大学出版社2003年版。

［47］张新宝:《隐私权的法律保护》,群众出版社2004年版。

[48]张民安主编:《信息性隐私权研究——信息性隐私权的产生、发展、适用范围和争议》,中山大学出版社2014年版。

二、中文学术论文

[1]范为:《大数据时代个人信息保护的路径重构》,载《环球法律评论》2016年第5期。

[2]高富平:《从电子商务法到网络商务法——关于我国电子商务立法定位的思考》,载《法学》2014年第10期。

[3]高富平:《个人信息保护:从个人控制到社会控制》,载《法学研究》2018年第3期。

[4]黄逸珺等:《电子商务网站个人信息价值评估》,载《北京邮电大学学报(社会科学版)》2017年第5期。

[5]金耀:《个人信息去身份的法理基础与规范重塑》,载《法学评论》2017年第3期。

[6]刘文杰:《被遗忘权:传统元素、新语境与利益衡量》,载《法学研究》2018年第2期。

[7]柳剑晗、周伟良:《互联网个人信息的保护与合理使用的法律规制》,载《安徽工业大学学报(社会科学版)》2018年第1期。

[8]龙卫球:《数据新型财产权构建及其体系研究》,载《政法论坛》2017年第4期。

[9]齐爱民、佟秀毓:《美国在线行为广告领域个人信息保护自律模式研究》,载《苏州大学学报(社会科学版)》2018年第3期。

[10]孙广中等:《大数据时代中的去匿名化技术及应用》,载《信息通信技术》2013年第6期。

[11]王利明:《人格权的属性:从消极防御到积极利用》,载《中外法学》2018年第4期。

[12]王忠:《大数据时代个人数据交易许可机制研究》,载《理论月刊》2015年第6期。

[13]王志文、王强:《云计算敏感数据防泄露技术研究》,载《信息安全与通信保密》2013年第8期。

[14]王卫国:《现代财产法的理论建构》,载《中国社会科学》2012年第

1期。

[15]汪全胜、方利平:《个人敏感信息的法律规制探析》,载《现代情报》2010年第5期。

[16]魏光禧:《云计算时代个人信息安全风险与防控措施》,载《重庆理工大学学报(社会科学)》2016年第2期。

[17]万方:《终将被遗忘的权利——我国引入被遗忘权的思考》,载《法学评论》2016年第6期。

[18]项定宜:《比较与启示:欧盟和美国个人信息商业利用规范模式研究》,载《重庆邮电大学学报(社会科学版)》2019年第4期。

[19]杨芳:《个人信息自决权理论及其检讨——兼论个人信息保护法之保护客体》,载《比较法研究》2015年第6期。

[20]杨立新:《电子商务法规定的电子商务交易法律关系主体及类型》,载《山东大学学报(哲学社会科学版)》2019年第2期。

[21]郑成思:《私权、知识产权与物权的权利限制》,载《法学》2004年第9期。

[22]郑成思:《信息、知识产权与中国知识产权战略若干问题》,载《环球法律评论》2006年第3期。

[23]周汉华:《论互联网法》,载《中国法学》2015年第3期。

[24]周汉华:《探索激励相容的个人数据治理之道——中国个人信息保护法的立法方向》,载《法学研究》2018年第2期。

[25]张新宝:《从隐私到个人信息:利益再衡量的理论与制度安排》,载《中国法学》2015年第3期。

三、英文文献

[1]Alex B. Lipton, *Privacy Protections for Secondary Users of Communications-Capturing Technologies*, New York University Law Review, Vol. 91:2, p. 396-424(2016).

[2]Anita L. Allen, *Protecting One's Own Privacy in a Big Data Economy*, Harvard Law Review Forum, Vol. 130:2, p. 71-78(2016).

[3]Azurmendi A., *The Spanish Origins of the European "Right to Be Forgotten":The Mario Costeja and Les Alfacs Cases*, Berkman Center Research

Publication, Vol. 17, p. 43 – 44 (2014).

[4] Christina Tikkinen – Piri, Anna Rohunen & Jouni Markkula, *EU General Data Protection Regulation: Changes and Implications for Personal Data Collecting Companies*, Computer Law & Security Review, Vol. 34:2, p. 134 – 153 (2018).

[5] Christophe Lazaro & Daniel Le Metayer, *The Control over Personal Data: True Remedy or Fairy Tale?*, Computer Science, Vol. 3:1, p. 314 – 319 (2015).

[6] Cohen J. E., *What Privacy Is for*, Harvard Law Review, Vol. 126:7, p. 1904 – 1933 (2013).

[7] Daniel J. Solove, *Conceptualizing Privacy*, California Law Review, Vol. 90:4, p. 1087 – 1156 (2002).

[8] Danel J. Solove, *The Future of Reputation: Gossip, Rumor, and Privacy on The Internet*, Yale University Press, 2007, p. 1157.

[9] David L. Banks & Yasmin H., *A Special Issue on Statistical Challenges and Opportunities in Electronic Commerce Research*, Statistical Science, Vol. 12:1, p. 234 – 246 (2006).

[10] Djumadi & Barkatullah A. H., *Does Self – Regulation Provide Legal Protection and Security to E-Commerce Consumers?*, Electronic Commerce Research and Applications, Vol. 30, p. 94 – 101 (2018).

[11] Eugene E. Hutchinson, *Keeping Your Personal Information Personal: Trouble for the Modern Consumer*, Hofstra Law Review, Vol. 43:4, p. 1151 (2015).

[12] Eric Johnson, *Lost in the Cloud: Cloud Storage, Privacy, and Suggestions for Protecting Users*, Stanford Law Review, Vol. 69:3, p. 867 – 910 (2017).

[13] Francisco J. I. Leturia., *Legal Basis of the Right to Be Forgotten: A New Right from Europe or a Typical Response for Collisions between Certain Fundamental Rights*, Revista Chilena de Derecho, Vol. 43:1, p. 91 – 114 (2016).

[14] Hagel J., Rayport J. F., *The Coming Battle for Customer Information*, Harvard Business Review, Vol. 75:1, p. 53 – 65 (1997).

[15] Ira S. Rubinstein & Woodrow Hartzog, *Anonymization and Risk*,

Washington Law Review, Vol. 91:2, p. 703 - 760(2016).

[16] Jonathan P. Graham, *Privacy, Computers, and the Commercial Dissemination of Personal Information*, Texas Law Review, Vol. 65:7, p. 1395 - 1440(1987).

[17] Julian Holzel, *Differential Privacy and the GDPR*, European Data Protection Law Review, Vol. 5:2, p. 184 - 196(2019).

[18] Kathryn C. Montgomery & Jeff Chester, *Data Protection for Youth in the Digital Age*, European Data Protection Law Review, Vol. 4:1, p. 277 - 291 (2015).

[19] Kuner C., *European Data Protection Law: Corporate Compliance and Regulation*, Oxford University Press, 2007.

[20] Lior Jacob Strahilevitz, *Toward a Positive Theory of Privacy Law*, Harvard Law Review, Vol. 126:7, p. 2010 - 2042(2013).

[21] Louis Henkin, *Privacy and Autonomy*, Columbia Law Review, Vol. 74:8, p. 1410 - 1433(1974).

[22] Max N. Helveston, *Consumer Protection in the Age of Big Data*, Washington University Law Review, Vol. 93:4, p. 859 - 918(2016).

[23] Nancy J. King & V. T. Raja, *Protecting the Privacy and Security of Sensitive Customer Data in the Cloud*, Computer Law & Security Review, Vol. 284:3, p. 308 - 319(2012).

[24] Nehf J. P., *Recognizing the Societal Value in Information Privacy*, Washington Law Review, Vol. 78:1, p. 1 - 92(2003).

[25] Paul M. Schwartz, *European Data Protection Law and Restrictions on International Data Flows*, Lowa Law Review, Vol. 80:3, p. 480 - 815(1995).

[26] Paul M. Schwartz, *Privacy and Democracy in Cyberspace*, Vanderbilt, Law Review, Vol. 52:6, p. 1607 - 1677(1999).

[27] Paul M. Schwartz & Daniel J. Solove, *The PII Problem: Privacy and a New Concept of Personally Identifiable Information*, New York University Law Review, Vol. 86:6, p. 1814 - 1894(2011).

[28] Paul M. Schwartz, *Information Privacy in the Cloud*, University of

Pennsylvania Law Review, Vol. 161:6, p. 1623 – 1662(2013).

[29] Posner Richard A., *The Right of Privacy*, Georgia Law Review, Vol. 12:1, p. 393 – 422(1978).

[30] Prosser W. L., *Privacy*, California Law Review, Vol. 48:3, p. 383 – 423 (1960).

[31] Quintel Teresa, *Article 29 Data Protection Working Party Opinion on the Law Enforcement Directive*, European Data Protection Law Review, Vol. 4:1, p. 104 – 109(2018).

[32] Reema Shah, *Law Enforcement and Data Privacy: A Forward – Looking Approach*, The Yale Law Journal, Vol. 125:2, p. 543 – 545(2015).

[33] Richard S. Murphy, *Property Rights in Personal Information: An Economic Defense of Privacy*, Georgetown Law Journal, Vol. 84:7, p. 2381 – 2418 (1996).

[34] Rita S. Heimes, *Privacy and Innovation: Information as Property and the Impact on Data Subjects*, New England Law Review, Vol. 49:4, p. 649 – 664 (2015).

[35] Savin A. & Trzaskowski J., *Research Handbook on EU Internet Law*, Edward Elgar Pub., 2014.

[36] Schwartz P. M., *Property, Privacy, and Personal Data*, Harvard Law Review, Vol. 117:7, p. 2056 – 2128(2003).

[37] Woodrow Hartzog, *The Inadequate, Invaluable Fair Information Practices*, Maryland Law Review, Vol. 76:4, p. 952 – 982(2017).

[38] W. Gregory Voss, *Internal Compliance Mechanisms for Firms in the EU General Data Protection Regulation*, Revue Juridique Themis, Vol. 50:3, p. 83 – 820(2016).